온계시초

온계시초
溫溪詩抄

출가 이전 소년 시절의 성파 스님이 지은 한시 모음

조봉주曺鳳周 원작
성범중成範重 역주

도서출판 통도

원작자 **조봉주**曺鳳周
1939년 합천 생. 자호 온계溫溪.
1960년 통도사 출가. 법호 중봉中峰, 법명 성파性坡.
1981년 통도사 주지 취임.
2018년 영축총림 통도사 방장 취임.
2022년 대한불교조계종 제15대 종정 취임.

역주자 **성범중**成範重
1956년 상주 생.
서울대 인문대 및 대학원 국어국문학과 졸업. 문학박사.
울산대 국어국문학부 교수 역임. 울산대 명예교수.
한국한시 관련 저서 및 논문 다수 있음.

온계시초溫溪詩抄
©2023 출가 이전 소년 시절의 성파 스님이 지은 한시 모음

2023년 7월31일 초판 제1쇄 발행
2023년 9월6일 초판 제3쇄 발행

지은이 성파 스님(조봉주)
옮긴이 성범중

펴낸이 성파 스님(조봉주)
펴낸곳 도서출판 통도
편 집 맑은소리맑은나라

출판등록 2022년 10월 31일 제 538-2022-000016호
주소 경상남도 양산시 하북면 통도사로 108 서운암
전화 055-382-7094

ISBN 979-11-983970-9-6 03220
값 20,000원

성파 스님 1985년

붓글씨 쓰는 성파 스님 2023년

Superior
NOTE BOOK

No. 5

溫溪 曺鳳周 詩抄

온계 조봉주 시초溫溪 曺鳳周 詩抄 공책 표지

 SPECIALLY MADE BY SAM HWA CO.

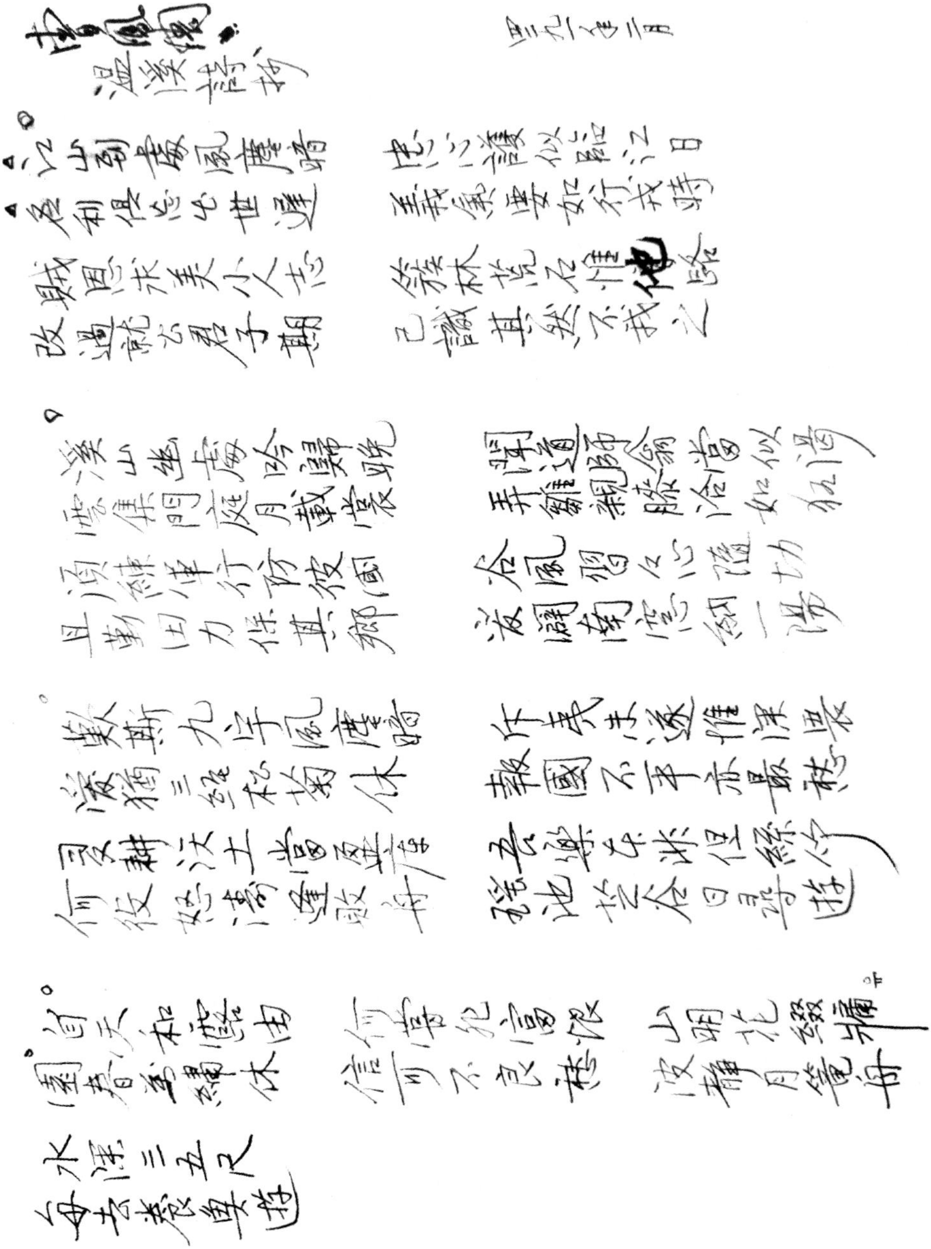

온계 조봉주 시초溫溪 曺鳳周 詩抄 공책 내지

목 차

　앞에서 맞이해 보아도 그 모습이 보이지 않고 뒤에서 따라
가도 그 모습을 잡기 힘든 '한 물건'이 있습니다. 바람에 흘
러온 모래에 이내 덮여지는 사막의 발자국처럼 실체를 찾기
는 어려우나 우리 주변에 항상 머무르는 '물건'이기도 합니
다. 점점이 피어나 산천을 아름답게 물들였다 어느 날 불어
닥친 비바람에 홀연 흩어지는 봄 산의 꽃잎과 같은 인생의
'씨실[緯線]'과 '날실[經線]'을 매일 엮어내는 '시간'이 바로 '그
물건'입니다.

　청소년 시기의 씨줄과 날줄이 짜는 '교차점'에는 '동적
動的인 생동감'이 가득하고, 중년 시기의 씨실과 날실이 엮는
'점點'에는 '성취에 대한 열정'이 배어 있고, 노년 시기의 '가
로줄'과 '세로줄'이 꼬는 '접점'에는 '비바람을 이겨낸 원숙
함'이 스며들어있다고 생각합니다. 생동감이 넘치는 '교차
점'과 열정이 스며있는 '점'과 원숙한 품격이 배어 있는 '접
점'은 같은 것도 아니지만 그렇다고 완전히 다른 것도 아닐
것입니다. 초년의 씨줄과 날줄이 만드는 '직물織物'은 그 시
기의 인연들이 맺어져 나타난 것이고, 중년의 씨실과 날실이
엮어내는 '베[布]'는 그 지점의 인연들이 만나 등장한 것이며,

노년의 가로줄과 세로줄이 짜는 '천'은 그즈음의 인연들이 모여 드러난 것이기에 그렇습니다.

'교차점'과 '점'과 '접점'이 모여 '업業'을 만들고 그 업에 따라 그 사람이 가야 할 행로가 굳어집니다. 다르면서 같고 같으면서 다른 '직물'과 '베' 그리고 '천'들이 모여 '비단緋緞 같은 삶'이 되기도 하고, '갈포葛布 같은 인생'이 되기도 하며, '화학섬유 같은 일생'이 되기도 합니다. '비단'이라 더 좋고 '갈포'나 '화학섬유'라고 좋지 않다는 말은 결코 아닙니다. 모든 삶에는 저마다의 가치가 들어있고 저마다의 색깔로 각자의 삶을 물들여 전체적으로 소중하고 아름다운 하나의 꽃, 즉 인생을 피워내기 때문입니다.

이번에 출간된 한시집漢詩集 『온계시초溫溪詩抄』에는 '동적動的인 생동감'이 가득했던 청소년 시기, 즉 16-18세에 지은 시들이 들어 있습니다. 공문空門에 들어오기 이전 향리의 서당에서 공부하던 시절 읊조렸던 작품들입니다. 1958년 2월 공책에 옮겨 놓았던 것을 토대로 우리말로 옮겼습니다. 출세간의 '고봉정상高峰頂上'도 세간의 '십자가두十字街頭'도 잘 모르던 시기에 지은 작품들이라 고졸古拙한 구절이 더러 있을 수 있습니다. '질박한 시구를 읽다 혹 마음속의 현묘한 거울이라도 발견한다면 그것 또한 과거와 지금의 일들을 새롭게 인식하는 하나의 다리가 되지 않겠는가'라는 생각에 펴내게 되었습니다.

물론, 젊은 날의 시간과 노력에 힘입어 지금의 내가 존재할 수 있기에 버려두지 못하고『온계시초』라는 제목으로 엮었다고 보셔도 좋을 듯합니다. 관세冠歲 이전에 지은 시들로 인해 65년 전의 기억들이 '망각의 저쪽'에서 '생각의 이쪽'으로 돌아온 것만으로도 좋은 일이 아닐 수 없습니다. 오히려 "말이 오랫동안 전해지려면 반드시 글로 기록되어야 한다." "말이 글로 기록되지 않으면 그 행함이 멀리 가지 못한다."라는 고인古人의 말씀들을 살갑게 느끼게 해준『온계시초』에 감사할 따름입니다. 중년의 열정과 노년의 원숙함이『온계시초』에서 발현되지 않은 점은 다소 아쉽지만 소년 시절의 생각을 알려주는『온계시초』에 가치가 없다고 생각하지는 않습니다.

　　『온계시초』는 많은 인연과 노력의 산물입니다. '투박한 시어'와 '산만한 착상'을 정제되고 매끄러운 우리말로 옮겨주신 울산대 성범중 명예교수에게 감사의 마음을 전합니다. 성 교수가 아니었으면 한시들은 여전히 공책 속에 있었을 것입니다. 편집과 교정에 땀을 쏟은 분들 역시 이 책을 지금의 모습으로 만드는 데 소중한 힘을 보탰습니다. 북송을 대표하는 수행자 가운데 한 명인 원오 극근(圜悟克勤, 1063-1135) 선사의 오도송悟道頌으로 이 책에 관심을 보여준 분들께 가슴에서 우러나오는 사의謝意를 표합니다.

金鴨香銷錦繡幃
笙歌叢裏醉扶歸
少年一段風流事
祇許佳人獨自知

오리 모양의 향로에서 피어나는 향기 비단 휘장 안에 가득하고
생황 연주에 맞춰 노래 부르다 취한 채 부축받아 돌아가네.
소년 시절 있었던 한 토막 풍류에 관한 일은
오직 사랑하는 사람만이 알 수 있으리.

불기 2567[2023]년 4월 보름
영축산에서 중봉 성파中峰性坡 지識

일러두기

* 『온계시초』에 수록된 한시漢詩들은 성파 대종사께서 출가하기 이전 소년
  시절에 지은 작품들 가운데 선별해 우리말로 옮긴 것이다.
* 이 책에 수록된 한시들은 원작자가 16-18세 때 지었고 시간이 흐른 뒤인
  1958년 2월 별도의 공책에 다시 정리한 것이다.
* 한글과 음音이 같은 한자는 바로 옆에, 한글과 음이 다른 한자는 [   ] 안
  에 표기했다.

오언절구五言絶句 4수

무제無題 4수

除糞松谷山
生尿石榆間¹⁾
何不修本性
心閑事自閑

골짜기와 산의 솔숲에서 더러움을 없애고
돌 홈통 틈새에 오줌을 갈긴다.
어찌 본성을 수양하지 않으랴마는
마음이 한가하니 일도 절로 한가롭네.

---

1) 초고草稿에는 "고요한 산에서 더러움을 없애고, 때를 씻어내어 시냇물 사이를 깨
끗이 한다[除糞寂寂山 洗垢潔溪間]."가 "골짜기와 산자락의 솔숲에서 지저분함을 없
애고, 돌 홈통 틈새에 오줌을 갈긴다[除糞松谷山 生尿石榆間]."로 수정되어 있다.

斂踪寂寂山

常自在書間

自問何修道

知止心自閑

고요한 산속에 자취를 감추고

늘 글 사이에서 자유롭게 지내네.

스스로 묻나니 왜 도를 닦는가?

그칠 줄을 아니 마음은 절로 한가롭네.

多愁能不寐
回首月窓生
聖賢千萬語
公外更無情

근심이 많아 잠잘 수가 없는데
머리를 돌리니 창에 달이 뜨네.
성현의 천만 가지 말씀은
공정함 이외에 또 다른 뜻이 없네.

天下治平道
寡過又公隨
山靜修心穩
且務植桑籬

천하를 태평하게 다스리는 도는
허물을 적게 하고 또 공정함을 따르는 것이네.
고요한 산에서 안온하게 심성을 수양하고
또 울타리에 뽕나무를 심는 데 힘쓰네.

칠언절구七言絶句 57수

숲속 정자의 봄 홍치 3수 [林亭春興. 三首]

新將春興踏山亭
魚水蜂花鳥啼靑
斯道明明誰有識
磨窓夜夜月來盈

봄의 홍치에 새로 산속 정자로 걸어가니
물속의 물고기와 꽃의 벌, 우는 새가 푸르구나.
유가儒家의 진리²⁾를 아는 이는 누구인가?
연마하는 창에는 밤마다 달이 찾아와 가득하네.

---

2) 사도斯道는 '이 도道'라는 뜻으로 유가儒家의 진리·가르침[儒道·儒敎·道理]을 가리킨다.

伽南二月小溪亭
誰送和風葉轉靑
水將眞性心隨切
夢罷閑聽興自盈

2월에 가남³⁾의 작은 시냇가 정자로
누가 온화한 바람을 보내어 잎이 차츰 푸르러지는가?
물의 참된 품성에 마음은 따라서 절실해져서
꿈을 깨어 한가로이 들으니 흥치가 절로 가득하네.

---

3) 가남伽南은 가야산伽倻山의 남쪽으로 작자의 고향을 가리키는 말이다. 현재의 경
   남 합천군 야로면 창동倉洞 마을이다.

欲尋天理坐春亭
花落花開萬紫靑
尙有懷疑散步去
月照淸澤鱍魚盈

하늘의 이치를 찾고자 봄 정자에 앉으니
지고 피는 꽃으로 온통 알록달록하구나.
여전히 품은 의구심이 있어서 산보하러 가노라면
달빛 비치는 맑은 못에 헤엄치는 물고기가 가득하네.

생일⁴⁾에 감회가 있어서 [生日有感]

任體這當矢不移
朝朝灑掃解愁眉
人生何事最爲大
以孝養親恐老悲

여기에서 마땅히 몸을 옮겨가지 않으리라 맹세하고
아침마다 물 뿌리고 청소하니 수심 어린 눈썹이 퍼지네.
인생에서 가장 큰 일이 무엇인가?
효도로 봉양하는 어버이가 늙어서 슬퍼하실까 두렵네.

---

4) 작자의 생년월일이 음력 1939년 4월 4일이므로 양력으로는 그해 5월 22일이지만, 호적상의 생일과는 차이가 있다. 따라서 생일은 늦봄과 여름의 경계쯤이라고 할 수 있다.

여름날 산속 정자에서 한가로이 읊다 3수
[夏日山亭閑吟. 三首]

鶯啼歷歷綠楊垂
閑聽其聲自步遲
潛伏深山聾世事
朝朝暮暮執簧隨

늘어진 푸른 버들에 꾀꼬리 울음소리가 또렷하여
한가로이 그 소리를 듣노라니 절로 걸음이 더디네.
세상사에 귀를 막고 깊은 산에 몰래 숨어
아침저녁으로 피리를 잡고 따르네.

孰論玆處無眞樂
禮習詩誦興不遲
爲利爲名非我願
外事一絶以公隨

누가 이곳에 참된 즐거움이 없다고 논하는가?
예법을 익히고 시를 외니 흥치가 더디지 않네.
이익을 위하고 명예를 위함은 나의 바람이 아니어서
바깥일을 모두 끊고 공정함을 따르네.

澄澄澗畔綠楊垂
潛水其枝月景遲
若釣一竿吾能得
黃昏大地獨明隨

맑은 개울가에 푸른 버들이 늘어져
그 가지가 물에 잠기고 달빛에 그림자가 더디네.
내가 낚싯대 하나를 얻을 수 있으면
황혼녘 대지에서 홀로 밝은 빛을 따르리.

겨울날 3수 [冬日. 三首]

風塵天地小眞淸
閴寂玆窓獨曉明
仁義而已無所事
何多如是異言聲

풍진이 가득한 천지에 진실로 맑음이 적은데
쓸쓸한 이 창에 다만 새벽빛이 환하네.
인의가 있을 뿐 달리 일삼을 게 없는데
어찌하여 이처럼 다른 말이 많은가?

垢身俗耳漑川淸
處事察機萬理明
心遊聖籍隨天道
勤勉他時振大聲

때 묻은 몸과 속된 귀를 개울에서 맑게 씻고
일처리의 기회를 살피니 온갖 이치가 밝아지네.
마음은 성인의 저술에서 노닐며 하늘의 도리를 따르니
부지런히 노력하면 뒷날에 큰 명성을 떨치리.

雖居陋巷意猶淸
道德自修日曉明
孰人磨玉勤誠篤
深愛琤琤致器聲

비록 누추한 거리에 살지만 뜻이 오히려 맑아서
도덕을 스스로 수양하니 새벽 해처럼 밝네.
어떤 사람이 돈독한 정성으로 부지런히 옥을 다듬는가?
쨍쨍하는 그릇 부딪치는 소리를 깊이 사랑하네.

세상을 바라보며 감회가 있어서[觀世有感]

石忙風急猿啼哀
人易其間多失違[5]
濟世安民惟我業
一將大炬[6]萬邦揮

돌이 바삐 움직이고 바람이 급하며 원숭이가 슬피 우니
사람은 그 사이에서 실수와 어긋남을 범하기 쉽네.
세상 구제와 민심 안정이 오직 나의 업무이니
한 장수가 큰 횃불을 만방에 휘두르리라.[7]

---

5) 초고草稿에는 "또한 오랑캐 무리가 왕도王道에 어긋남을 아네[也識蠻群王道違]."가 "사람은 그 사이에서 실수와 어긋남을 범하기 쉽네[人易其間多失違]."로 수정되어 있다.

6) 초고草稿에는 '빠른 칼[快劍]'이 '큰 횃불[大炬]'로 수정되어 있다.

7) 이 시의 뒤에는 "단 것을 받는 부유한 자리에는 도리어 고통이 따르고, 험난함을 지나면 곧 평화가 있다[受甘富席反從苦 過險卽時乃有平]."라는 작가의 평評가 붙어 있다.

무제無題 46수

蒼松深處一筇移
石白水淸自喜眉
野人耕畝帶牛影
只是喟然不道悲

푸른 솔숲 깊은 곳으로 지팡이 하나 짚고 옮겨가니
돌이 희고 물이 맑아 절로 눈썹에 기쁜 빛이 도네.
소 그림자를 데리고 밭갈이하는 시골 사람은
다만 한숨만 쉴8) 뿐 슬프다고 하지 않네.

---

8) 위연喟然은 서글프게 한숨을 쉬는 모양, 탄식하는 모양이다.

肯將春興步溪山
活水穿湧白石間
蒼松深處風塵遠
晝採夜書亦自閑

봄의 흥치興致로 기꺼이 시내와 산을 거니노라면
생동하는 물[9]이 흰 돌 사이를 뚫고서 솟구치네.
푸른 솔숲 깊은 곳은 풍진과 멀리 떨어져 있어
낮에 채취하고 밤에 글을 읽으니 절로 한가롭네.

---

9) 활수活水는 땅속에서 콸콸 쏟아져 나와서 흘러가는 물, 살아서 생동하는 물이다.
송宋의 유학자 주희(朱熹, 1130-1200)는 「관서유감觀書有感」이라는 시에서 "반무
半畝의 네모진 못에 거울 하나가 열리니, 구름 그림자와 하늘빛이 서로 어울려 배
회하네. 묻노니 어떻게 하면 저처럼 맑은가? 근원의 샘물 콸콸 쏟아져 내리기 때
문이네[半畝方塘一鑑開 天光雲影共徘徊 問渠那得淸如許 爲有源頭活水來]."라고 읊었다.

兀兀層層萬疊山
躍飛物物産玆間
紛紛世路風聲亂
知足安居心自閑

만 겹 산은 우뚝하여 층이 져 있는데
뛰고 나는 온갖 사물이 이 사이에서 생겨나네.
어지러운 세상 길에 바람 소리가 요란하지만
만족을 알고 편안히 사니 마음이 절로 한가하네.

葉綠花紅春又深
魚游淸澤鳥行林
世間富貴君莫樂
不若敬身保本心

잎이 푸르고 꽃이 붉어 봄이 또 깊은데
물고기는 맑은 물에서 놀고 새는 숲에서 다니네.
세간의 부귀를 그대는 즐거워하지 마라.
몸을 경건히 하여 본심을 보존함만 못하네.

和風習習滿庭深
蝶舞紅花鹿步林
若使天理反身得
必見他時別道心

온화한 바람이 산들 산들 불어 깊은 뜰에 가득한데
나비는 붉은 꽃에서 춤추고 사슴은 숲속을 거니네.
만약 하늘의 이치를 자신을 돌아보아 터득하면
반드시 뒷날 특별한 도심을 보게 되리.

欲修聖道坐山深
不厭飢寒不出林
孰論此世無眞業
禮習詩誦保本心

성인의 도를 닦고 싶어 깊은 산속에 앉아
굶주림과 추위를 싫어하지 않고 숲을 나가지 않네.
누가 이 세상에 참된 일이 없다고 논하는가?
예법을 익히고 시를 외워서 본심을 보존하네.

毫末難容實理天
潛心這處覺來前
和風誰送乾坤動
赤白靑黃造化邊

털끝 하나도 용납하지 않음이 참으로 하늘의 이치인데
조용하게 생각하는[10] 바로 이때 깨달음이 다가오네.
누가 온화한 바람을 보내어 천지를 움직이는가?
조화옹[11]의 주변은 붉고 희고 푸르고 노랗구나.

---

10) 잠심潛心은 마음을 가라앉혀 깊이 생각하는 것을 말한다.
11) 조화造化는 조화옹造化翁의 준말로 조물주를 가리킨다.

背山抱水是仙臺

聖道日尋洽意開

邃筵淸趣元眞足

隨轍責筇不欺回

산을 등지고 물을 감싸 안은 이 신선의 누대에서

날마다 성인의 도를 찾으니 흡족한 뜻이 열리네.

깊숙한 자리에는 맑은 취향이 원래 참으로 넉넉하니

수레바퀴를 따라 지팡이를 재촉하여 속이지 않고 돌아오리.

谷僻山深在書臺
學誠勤習意曉開
天賦其性何修否
飢寒不厭獨此回

골짜기가 궁벽하고 산이 깊은 글 읽는 누대에서
정성껏 배우고 부지런히 익히면 뜻이 밝게 열리리.
하늘이 준 그 성품을 어찌 수양하지 않는가?
굶주림과 추위를 싫어하지 않고 홀로 이곳으로 돌아오네.

欲全品性坐山深
知足安居不出林
要知天下治平道
只在修身保本心

품성을 온전하게 하고자 깊은 산에 앉아서
만족을 알고 거처를 편안히 여겨 숲을 나가지 않네.
천하를 태평하게 다스리는 도리를 알고자 함이
다만 몸을 수양하여 본심을 보존함에 있을 뿐이네.

家在伽南谷澗深
須憐魚水鳥行林
人生不學何修道
勿舍眞誠保本心

집이 가남¹²⁾의 깊은 계곡에 있으니
모름지기 물고기가 사는 물과 새가 다니는 숲을 아껴야 하네.
사람이 살면서 배우지 않으면 어찌 도를 닦는가?
참된 정성을 버리지 말고 본심을 보존해야 하네.

---

12) 가남伽南은 가야산伽倻山의 남쪽으로 작자의 고향을 가리키는 말이다. 현재의 경
   남 합천군 야로면 창동倉洞 마을이다.

夜夜松燈對聖風
其言誠習此心紅
決決溪聲切隨夜
起而閑聽外私空

밤마다 관솔불 켜고 성인의 풍모를 마주하여
그 말씀을 정성껏 익히니 이 마음이 붉어지네.
콸콸대는 시냇물 소리가 밤을 따라 절실해지는데
일어나 한가로이 들으니 그릇된 욕망이 없어지네.

無體無形理氣風
隨時變化自靑紅
這覺其然反諸己
日長知識不虛空

몸도 없고 모양도 없는 이기理氣의 바람은
수시로 변화하여 절로 푸르렀다가 붉어지네.
이에 그러함을 깨달아 돌이켜 나에게서 찾으니
지식이 나날이 늘어나서 공허하지 않네.

誰知此處古人風
讀易深窓一燭紅
諸君莫道今時富
不若隨貧外私空

누가 이곳에 옛사람의 기풍이 있음을 아는가?
『주역』을 읽는 깊숙한 창에 촛불 하나가 붉네.
그대들은 지금의 부유함을 말하지 마라.
가난을 따르되 그릇된 욕망을 없애는 것만 못하네.

此世何多非禮衣
只因不守道心微
童冠六七同吟處
自始腥塵入不飛

이 세상에는 어찌하여 예법에 맞지 않는 옷이 많은가?
다만 도심이 없어지지 않도록 지키지 못한 까닭이네.
아이와 어른 육, 칠명이 함께 읊조리는 곳이니
처음부터 비릿한 먼지13)가 날아들지 못하네.

---

13) 성진腥塵은 '비린 먼지'라는 의미로 전쟁이나 어지러운 세상을 비유적으로 표현
한 말이다.

莫道今時飽暖衣
不如唊糒外私微
愛水營臺蒼樹裡
日勤灑掃不塵飛

지금 배부르고 옷이 따뜻하다고 말하지 마라.
죽을 먹더라도 외적 사욕이 없는 것만 못하네.
물을 사랑하여 푸른 숲속에 누대를 경영하는데
날마다 부지런히 물 뿌리고 청소하니 티끌이 날지 않네.

山窓書夜月遲遲
正是回燈好習時
若將仁義爲終事
豈謂後來入道稀

산속 창에서 글 읽는 밤에 달이 늦게 뜨면
참으로 등불을 다시 켜서 연습하기 좋은 때네.
만약 인의를 최종의 일로 삼으려 하면
어찌 뒤에 올 사람의 입도入道가 드물다고 하겠는가?

男兒意氣水如淸
野採山樵亦樂生
深深幽谷藏雲色
寂寂暮村起杵聲

남아의 뜻과 기운이 물처럼 맑아
들에서 채취하고 산에서 나무해도 즐거움이 생기네.
깊숙하고 그윽한 골짜기가 구름 색깔로 가려지니
고요한 저문 마을에 다듬이 소리가 일어나네.

山窓無事送芳年
或讀或樵是我緣
物物何殊其禀性
鳶飛魚躍是天然

산속 창에서 일 없이 젊은 나이를 보내며
간혹 책 읽고 나무하는 것이 나의 연분이네.
사물마다 어찌하여 그 타고난 성품이 다른가?
솔개가 날고 물고기가 뛰는[14] 게 곧 자연스러움이네.

---

14) 연비어약鳶飛魚躍은 『시경詩經』「대아大雅·한록旱麓」에 나오는 "솔개는 하늘에
서 날고, 물고기는 연못에서 뛰네[鳶飛戾天 魚躍于淵]."라는 구절에서 유래된 말. 만
물이 각각 그 처소를 얻는 것과 같은 천지조화天地調和의 묘용妙用을 뜻한다.

風塵何處也閑靜
夜夜書燈任自緣
精推日月往來際
物死物生萬萬然

풍진 속에서 어느 곳이 또 한가롭고 고요한가?
밤마다 독서용 등불[15] 켜고 그대로 침잠하네.[16]
해와 달이 오가는 순간을 정밀하게 추론해보니
사물의 죽음과 탄생이 온통 그러하네.

---

15) 서등書燈은 글을 읽을 때 켜 놓는 등불로 요즘의 전기스탠드에 해당하는 물건이다.
16) 이 부분은 성파 스님에게 문의하였더니 한없이 공부하여 깊은 단계로 자연스럽게 들어감을 뜻한다고 설명했다.

勤耕百畝黍穗叢
我庫從茲不憂空
茂芍園中通素月
穉松庭畔盡清風

부지런히 100무[17]의 전답을 갈아 기장 이삭이 떨기를 이루었으니
이제부터 나의 창고는 빌 것을 걱정하지 않아도 되네.
작약이 무성한 동산 가운데로 흰 달이 지나가니
소나무가 어린 뜰 가에는 온통 맑은 바람이네.

---

17) 무畝는 논밭 넓이의 단위. 1무는 한 단段의 1/10로 30평 정도의 넓이이다. 100무
는 3천 평의 전답을 의미한다.

松層林密鳥聲豪
罷睡閑聽意自高
世間富貴無心見
斂踪幽地養仙桃

층진 소나무와 빽빽한 숲에 새소리가 호탕하여
잠을 깨어 한가롭게 들으니 뜻이 절로 높아지네.
세간의 부귀를 무심하게 보아
깊숙한 땅에 자취를 거두고 신선의 복숭아[18]를 기르네.

---

18) 선도仙桃는 전설상의 여선女仙인 서왕모西王母가 심은 복숭아로 먹으면 장생불사 長生不死의 효능이 있다고 한다.

秋去春來物色奇
認玆和氣電不遲
若將其理反身得
花葉芳暢此好時

가을이 가고 봄이 오니 물색이 기이한데
이 온화한 기운이 번개 같아서 더디지 않음을 아네.
만약 그 이치로 자신을 돌아본다면
꽃잎이 싱그럽게 펴져서 이처럼 좋은 시절이리.

愛水構堂山色奇
窓開夜夜月來遲
目遊聖籍心遊道
堪嘆人人失好時

물을 사랑하여 집을 지으니 산색이 기이한데
밤마다 창을 열어도 달은 더디게 찾아오네.
눈은 성인의 저술에 머무르고 마음은 도에 노닐건만
사람마다 좋은 시절을 잃어버림을 한탄할 만하네.

潔潔水聲夜尤奇
罷睡閑聽興遲遲
習習和風天地動
定茲百畝勤耕時

깨끗한 물소리가 밤에 더욱 기이한데
잠을 깨어 한가로이 들으니 흥취가 느긋하네.
산들산들 부는 온화한 바람이 천지를 움직이니
바로 100무19)의 땅을 부지런히 경작할 시기이네.

---

19) 무畝는 논밭 넓이의 단위. 1무는 한 단段의 1/10로 30평 정도의 넓이이다. 100무
는 3천 평의 전답을 의미한다.

深松靜裏俗塵微
性理漸知意似飛
紅燈夜夜書聲切
明月有情窓照輝

고요하고 깊은 솔숲에 속세의 티끌이 없어지며
성리를 차츰 아니 뜻이 날아갈 듯하네.
붉은 등불에 밤마다 글 읽는 소리가 간절하니
밝은 달은 정취가 있어서 창을 환하게 비추네.

和風習習吹微微
物物感時躍且飛
腥塵何處是仙道
讀易深窓月來輝

온화한 바람이 산들산들 불다가 약해지는데
사물마다 시절을 느껴서 뛰고 또 나네.
비린 먼지[20] 속에 어디가 신선의 길인가?
『주역』을 읽노라니 깊숙한 창에 달이 와서 빛나네.

---

20) 성진腥塵은 '비린 먼지'라는 의미로 전쟁이나 어지러운 세상을 비유적으로 표현한 말이다.

一寒十曝以調陽
枯葉萌而更養長
回首乾坤尋妙理
認玆春政物態蒼

하루 춥고 열흘 햇살이 비치어 양기를 조절하니
마른 잎은 싹이 돋더니 또 자라서 길어지네.
머리를 돌려 천지의 오묘한 이치를 찾는데
이 봄신[春神]의 정사21)로 사물의 모습이 푸름을 아네.

---

21) 춘정春政은 봄의 신, 즉 춘신春神이 베푸는 정사政事로 봄철에 일어나는 제반 자
연 현상과 동식물의 변화를 뜻한다. 봄철에 잎이 피고 꽃이 피는 등의 현상과 변
화를 범칭汎稱한다.

閑尋聖籍辨陰陽
脉脉胷中智日長
雨聲昨夜生氣動
萬山景色一新蒼

한가로이 성인의 저술을 찾아 음양을 분별하니
가슴속에서 끊임없는 지혜가 나날이 자라네.
어젯밤 빗소리에 생기가 움직이더니
수많은 산들은 경색이 한꺼번에 새로 푸르러지네.

含山水脉自通淸
認是其精月色明
自問何處任情地
禮習深窓世俗晴

산에 포함된 수맥이 절로 맑게 통하니
이 정기 때문에 달빛이 환함을 아네.
스스로 묻노니 어느 곳이 뜻대로 할 만한가?
깊숙한 창에서 예법을 익히노라면 세속이 맑아지네.

谷僻山深水自清
蒼天月色夜文明
仁守智藏圈子內
和風肯得物新晴

골짜기가 궁벽하고 산이 깊으니 물이 절로 맑아
푸른 하늘의 달빛으로 밤의 문양이 환하네.
테두리 안에서 어짊을 지키고 지혜를 감추니
온화한 바람에 기꺼이 사물이 새로 맑아지리.

脉脉乾坤噓氣淸
閑中日月自昭明
諸君莫恨風塵世
二月陽春谷雪晴

천지에 끊임없이 맑은 기운 불어대니
한가한 가운데 해와 달이 절로 환하네.
그대들은 풍진 세상을 한탄하지 마시라.
2월의 따뜻한 봄에 골짜기의 눈이 맑게 개네.

松簇林深土厚城
時時靈鳥自來聲
堪嘆世人不守性
庭蘭溪柳任吾情

소나무가 빽빽하고 숲이 깊어 흙이 두터운 재에
때때로 신령한 새가 스스로 와서 우네.
세상 사람들이 품성을 지키지 못함을 한탄할 만하여
뜰의 난초와 시내의 버들에 내 뜻을 맡겨두네.

松栢深山築土城
磨窓夜夜起琤聲
世人何不修斯道
外似無情實有情

소나무와 잣나무 숲이 깊은 산에 토성을 쌓으니
연마하는 창가에 밤마다 옥 부딪치는 소리가 생겨나네.
세상 사람들은 어찌하여 유가의 가르침[22]을 수양하지 않는가?
겉으로 무정한 듯해도 실제로는 정감이 있네.

---

22) 사도斯道는 '이 도道'라는 뜻으로 유가儒家의 가르침[儒道·儒教·道理]을 가리킨다.

山圍松疊土肥城
空谷幽幽鳳傳聲
以友輔仁君子道
苟然誰奪我心情

산이 두르고 솔숲이 겹친 토성이 두터운데
깊숙한 빈 골짜기에 봉황의 울음소리가 들리네.
벗을 통하여 자신의 인덕을 도움[23]이 군자의 도리이니
참으로 그렇다면 누가 내 마음속의 뜻을 빼앗겠는가?

---

23) 이우보인以友輔仁은 벗을 통해 자신의 인덕仁德을 보충하는 것이다. 『논어論語』
「안연顏淵」편에 "군자는 학문을 통해 벗을 모으고, 벗을 통해 자신의 인덕을 보
충한다[君子以文會友 以友輔仁]."라는 대목이 있다.

有跡無形理氣新
花紅葉綠總天眞
明明斯道本無累
禮習詩誦退俗塵

자취가 있으나 형체는 없는 이기理氣가 신선한데
꽃이 붉고 잎이 푸르러서 온통 천진하네.
유가儒家의 진리는 본디 허물이 없으니
예법을 익히고 시를 외워 속세의 티끌을 물리치네.

和雨和風入戶新
抱壤物物露仁眞
不知性理何修道
只恐時時水上塵

온화한 비와 바람이 지게문으로 새로 들어와
흙에 싸인 사물마다 어질고 참된 모습을 드러내네.
성리의 도를 어떻게 닦는 줄을 모르니
다만 때때로 물 위의 티끌을 두려워할 뿐이네.

脉脉乾坤和氣新
萬蟲花葉發天眞
若有世人知此理
魚遊淸澤恐生塵

천지에는 끊임없이 온화한 기운이 새롭고
온갖 벌레와 꽃잎에 천진함이 생겨나네.
만약 이런 이치를 아는 세상 사람이 있으면
물고기가 노니는 맑은 못에 티끌이 일까 두려워하리.

虛靈智覺本無烏
假面飽私甚可嗚
白水北牖常去聽
殷雷南側莫遑胡

비어서 신령한 지각은 본디 아무것도 없는데
거짓 얼굴에 사욕이 가득함을 매우 탄식할 만하네.
맑은 물소리는 북쪽 창으로 가서 늘 듣고 있으니
천둥이 울어대는 남쪽에서 허둥대어 어지럽히지 마라.

恒心守敬惟歸實
此軆游淸矢不殊
豈求令福非行善
只在學工養蓍洙

떳떳한 마음[24]이 공경을 지켜 오직 실제로 돌아가니
이 몸은 맑음에 노닐어 달라지지 말 것을 맹세하네.
착함을 실행하지 않고 어찌 아름다운 복을 구하는가?
다만 공교로움을 배우려고 물가에서 시초[25]를 기르네.

---

24) 항심恒心은 언제나 지니는 변하지 않는 떳떳한 마음이다.

25) 시초蓍草는 신령한 풀의 이름. 처음 싹이 돋을 때부터 50개의 잎이 똑같이 나와
   자란다고 한다.

百思矢絶放山狵
認是男兒所業尨
誰識玆間閑趣足
有琴有酒興無雙

온갖 생각을 끊기로 맹세하여 산에 삽살개를 풀어 놓으니
남아의 일삼는 바가 크다는 것을 아네.
이곳에 한가로운 취향이 넉넉함을 누가 아는가?
거문고가 있고 술이 있으니 흥치가 짝할 바 없네.

配天敦化由何隨
覽物反身細細推
風雨世間無所業
爲看別景植松籬

하늘과 같은[26] 돈독한 교화를 무엇으로 따르랴?
사물을 보고 자신을 돌아보며 자세히 추측하네.
비바람 부는 세간에 일삼을 게 없으니
특별한 경치를 보고자 울타리에 소나무를 심네.

---

26) 배천配天은 하늘에 짝하는 것으로 '하늘같이 넓고 큰 덕德'을 뜻한다.

乾坤回首風聲亂
終夜就枕不寐思
我心正處天心正
六極招來必飽私

머리를 돌리면 천지에 바람소리가 요란하여
밤새도록 잠자리에서 잠들지 못하고 생각하네.
내 마음이 바른 곳은 천심이 바르건만
육극[27]에 불려와도 반드시 사욕으로 배부르리.

---

27) 육극六極은 동서남북東西南北과 상하上下이다.

日月昭明疊嶂間
湧泉石隙送聲閑
麟趾鳳翔歸北峀
龍涎蜃氣抱南山

겹친 산봉우리 사이에 해와 달이 밝고
돌 틈에서 솟는 샘물이 한가로이 소리를 보내오네.
기린의 자취와 봉황의 머묾이 북쪽 산봉우리로 돌아가니
용의 침으로 된 신기루가 남쪽 산을 품네.

閉私從善心無累
按古詳今理不欺
執權中庸吾儒業
曲直圓方各適宜

그릇된 욕망을 닫고 착함을 좇으니 마음에 허물이 없고
옛날을 살펴 지금을 자세히 아니 이치를 속이지 못하네.
중용의 권형을 잡음이 우리 선비의 일이니
굽고 바르고 둥글고 모난 것이 각기 알맞고 마땅하네.

朝朝灑掃水南樓
脉脉宵中自除愁
腥塵何處任情地
吾守吾家吾自遊

아침마다 물 남쪽의 누대에 물 뿌리고 청소하니
가슴속에서 끊임없이 수심이 절로 사라지네.
비린 티끌 속에서 마음대로 할 만한 곳이 어디인가?
나는 내 집을 지키며 내 스스로 노니네.

오언율시五言律詩 18수

산속 정자의 밤 이야기 [山亭夜話]

月透讀窓幽　　難禁視眼流
眞工尋古籍　　孝業任他頭
運梳數斂髮　　持敬恒坐樓
惟我平生趣　　求茲不外求

달빛이 글 읽는 창 안을 깊숙이 꿰뚫어
눈동자로 흘러듦을 보지 않을 수 없게 하네.
참된 공부는 옛 서적에서 찾지만
효도하는 일은 다른 사람에게 맡기네.
빗질을 해 자주 머리카락을 여미고
공경하는 자세로 늘 누대에 앉네.
오직 내 평생의 취향이어서
여기에서 구할 뿐 바깥에서 구하지 않네.

기해년[28] 입춘 시[己亥立春詩]

氷地納陽新　物被泰和煙
風雪衷心化　浴沂內志眞
千家咸受福　萬國共迎春
水土如玆潤　極知宜種辰

언 땅이 햇살을 받아 새롭고
사물은 편안하고 온화한 연기로 덮이네.
바람과 눈은 속마음이 변화하고
기수에서의 목욕[29]은 속뜻이 진실하네.
수많은 집들은 모두 복을 받고
온갖 나라는 함께 봄을 맞네.
물에 젖은 땅이 이처럼 윤택하니
씨 뿌리기에 좋은 날임을 분명히 아네.

---

28) 기해년己亥年은 1959년이다.
29) 욕기浴沂는 기수沂水에서 목욕하는 것으로 『논어論語』 「선진先進」편에 나오는 고사故事에서 유래한 말이다. 자로子路, 염구冉求, 공서적公西赤, 증점曾點 등이 공자를 모시고 있었다. 공자는 제자들에게 각자의 뜻을 말해 보라고 했다. 자로를 비롯하여 염구와 공서적 등은 정치에 대해 말했다. 공자는 비파를 타고 있던 증점에게 "너도 말해 보라."고 했다. 증점은 비파를 놓고 "저의 뜻은 저들과는

다릅니다. 늦은 봄 봄옷이 만들어지면 갓을 쓴 어른 5-6명, 동자 6-7명 등과 함께 기수沂水에서 목욕하고 무우舞雩에서 바람을 쐬며 시를 읊고 돌아오겠습니다."라고 대답했다. 공자는 그 뜻을 가상히 여겨 "나도 증점과 함께 하고자 한다."라고 말했다.

가을날 즉흥적으로 짓다 [秋日卽事]

吾性如鏡明　　照塵不染行
安安道念穩　　咄咄世情輕
除煩心活發　　投筆景幽貞
興亡皆在我　　何必償言營

나의 성품은 거울처럼 밝아서
티끌을 비추며 물들지 않게 행동하네.
도에 대한 생각이 안온함을 편안히 여기고
세상의 인정이 가벼움을 한탄하네.
번거로움을 없애니 마음이 활발하고
붓을 던지니[30] 경치가 그윽하네.[31]
흥망은 모두 나에게 달려 있거늘
어찌 반드시 말로써 갚겠는가?[32]

---

30) 투필投筆은 일반적으로 붓을 던지는 것으로 글쓰기를 그만두는 것을 말한다. 여기서는 붓으로 글씨를 쓴다는 의미이다.

31) 유정幽貞은 유한정정幽閒貞靜의 준말로 '그윽하고 정숙한 것'으로 은둔한다는 뜻이다. 『주역』 「이괘履卦・구이九二」에 "밟는 길이 평탄하니 그윽한 사람이라야 정하고 길하리라[履道坦坦 幽人貞吉]."라고 나온다. 이에 대해 주희(朱熹, 1130-1200)는 『주역본의周易本義』에서 "밟는 길이 평탄해 그윽하게 홀로 정貞을 지키

는 상이 되니, 은자가 이 도를 행하며 이 점占을 만나면 정하고 길할 것이다."라
고 설명했다.

32) 이 시의 뒤에 "물을 감싸고 산을 뒤로하여 작은 누각이 서 있는데, 다만 여기에
는 속된 티끌의 무리를 한꺼번에 끊어 버리네[抱水背山起小樓 但斯一絶俗塵流]."라는
작가의 평評이 붙어 있다.

스스로 읊다 2수[自吟. 二首]

我行其野畔　　蓮洼素且淸
魚鮀自玆出　　鳥獸棲此生
庭樹夢春色　　石溪發雷聲
謀全心德者　　先覺天理明

내가 그 들판 두둑을 걷노라니
연꽃 웅덩이가 희고 또 맑네.
물고기와 메기가 여기에서 나오고
새와 짐승이 이곳에 깃들어 사네.
뜰의 나무는 봄 색깔을 꿈꾸는데
돌 많은 시내는 천둥소리를 내네.
마음의 덕을 온전하게 하려는 자는
먼저 하늘의 이치를 밝게 깨달아야 하네.

明聰習與長　　方覺理天蒼
志篤言能善　　心眞夢亦康
推攻夷狄國　　未覓聖賢墻
男兒何所業　　田力見豊穰

총명은 익힘과 함께 성장하나니
바야흐로 푸른 하늘의 이치를 깨닫네.
뜻이 두터우면 말이 착해지고
마음이 진실하면 꿈 또한 편안하네.
변방33)의 나라를 찌르고 공격하지만
성현의 담장을 찾지는 못하네.
남아는 무엇을 일삼는가?
전답에서 농사에 힘쓰면 풍년을 보게 되리.

---

33) 이적夷狄은 오랑캐를 뜻한다. 옛날 중국을 중심으로 그 주변에 사는 민족을 동이
東夷, 남만南蠻, 서융西戎, 북적北狄이라고 했다.

기린 발자국³⁴⁾[麟趾]

白茅濕露潔　　瑞麟藉用眠
罍酌雲深處　　臺藏水一邊
耕田消白日　　採藥送芳年
欲識如玆趣　　只在義存天

이슬에 젖은 깨끗한 띠 풀을
상서로운 기린이 깔고 자네.
구름 깊은 곳에서 술잔을 따르는데
물가 한 쪽에 누대가 숨어 있네.
밭을 갈며 한낮을 지내고
약초를 캐며 젊은 나이를 보내네.
이와 같은 취향을 알고 싶지만
다만 뜻은 하늘에 달려 있을 뿐이네.

---

34) 인지麟趾는 성인이 출현하기 전에 나타난다는 신수神獸인 기린의 발자국을 뜻한다.

등불을 함께 쓰던 친우와 잠시 헤어지는
이별시 2수[暫別同燈親友別詩. 二首]

勞勞送友臺　鬱懷向誰開
當逢頻有句　臨別數斟盃
世態雲消集　時情客去來
合散今如許　行裝何不回

이별가를 부르며[35] 벗을 보내는 누대에서
울적한 회포를 누구에게 풀어낼까?
만날 때는 자주 시구를 지었는데
이별하면서는 자꾸 술잔을 따르네.
세태는 스러졌다가 모이는 구름과 같고
시정時情[36]은 오가는 나그네인 듯하네.
모이고 흩어짐이 지금 이와 같거늘
행장을 어찌하여 돌이키지 않는가?

---

35) 「노로가勞勞歌」는 노로정勞勞亭에서 부른 노래로 '이별의 노래'를 뜻한다. 삼국
　시대 오吳나라 때 중국 강소성江蘇省 강녕현江寧縣, 즉 현재의 남경南京 남쪽에 이
　정자를 세웠는데 이곳은 송별의 장소로 유명했다고 한다. 당나라 시인 이백(李
　白, 701-762)은 「노로정」이라는 시에서 "천하의 마음 아픈 곳이니, 객을 전송하
　는 노로정이네[天下傷心處 勞勞送客亭]."라고 읊었다.
36) 시정時情은 세정世情을 말하며 '당시의 여론'을 의미한다.

尋臨講性臺　　先覺道扉開
挑燭私魔退　　吹簧故友來
松靑縱盼目　　水碧洗金盃
一別山中路　　願君更覓回

강성대[37]를 찾아오니
도를 닦는 선각자의 문이 열려 있네.
촛불 심지를 돋우니 사사로운 마귀가 물러나고
피리를 부니 옛 벗이 찾아오네.
푸른 소나무로 눈길을 제멋대로 돌리고
파란 물에서 금 술잔을 씻네.
산속 길에서 한 번 헤어지지만
자네가 다시 찾아 돌아오기를 바라네.

---

37) 강성대講性臺는 인성人性을 가르치는 서대書臺라는 뜻이다. 작자가 다닌 서당인
　　강성재講性齋의 별칭이다.

태백산에 은거하려니 감회가 있어서[38]
[隱居太白山有感]

閑居太白深　　無客叩扉尋
奚關窓外事　　但保體中心
芍田恒去耨　　石澗每來吟
誠能如是久　　也見遠朋臨

태백산 깊은 곳에서 한가로이 살면
사립문을 두드리고 찾아오는 손님이 없으리.
어찌 창밖의 일에 관여하겠는가?
다만 몸속의 마음을 보존할 뿐이네.
작약밭으로 항상 김매러 가고
돌 계곡으로 늘 시를 읊으러 오네.
참으로 이같이 오래 있으면
또 찾아온 먼 데 사는 벗이 보이리.

---

38) 이 시는 실제 상황을 담은 것이 아니라 그런 상황을 가정해 쓴 것이다. 성파 스
　　님에게 태백산에서 은거했는지를 문의했더니 스님은 "실제로 태백산에 은거하
　　지 않고 그런 상황을 생각만 한 것"이라고 답변하셨다.

스스로 부르짖다[自號]

虎嘯篁林谷　　群獸隱跡忙
龍潛蒼海濶　　鳥尺白雲茫
日曝中園野　　風來南浦汪
大器完成後　　好還父母鄉

호랑이가 대숲 골짜기에서 울부짖으면
뭇 짐승들은 자취를 숨기기에 바쁘네.
용이 잠기니 푸른 바다가 넓고
새는 날개를 펴고[39] 흰 구름은 아득하네.
햇볕 비치는 가운데 동산이 편편하고
바람이 불어오는 남쪽 갯가가 넓네.
큰 그릇을 완성한 뒤에는
부모님 계신 고향으로 기쁘게 돌아가리.

---

39) 조척鳥尺은 새가 자질한다[자로 잰다]는 의미로 '새의 날갯짓'을 가리킨다. 이는
　　'척尺'자의 이두식 표현이다. 경기도 안성安城 칠장사七長寺 나한전에 전해지는
　　박문수(朴文秀, 1691-1756)의 「몽중등과시夢中登科詩, 꿈속에서 나한전의 부처님
　　이 알려준 시로 과거에 급제하였다는 시」의 첫 연인 "지는 햇살은 푸른 산에 걸
　　려 붉은빛을 토하고, 겨울 까마귀는 흰 구름 사이에서 날갯짓을 그치네[落照吐紅
　　掛碧山 寒鴉尺盡白雲間]."라는 구절에 그 용례가 보인다.

높은 데 올라서 바라보다[登高望]

欲窮千里目　　穿雲上上峰
盡伐途中棘　　閑培澗畔松
山深眠白虎　　海濶伏靑龍
醉睡雙層石　　忽聞大覺鍾

천 리 바깥을 다 보려고[40)

구름을 뚫고 위쪽의 봉우리로 오르네.

가는 길에 가시나무를 다 자르고

계곡 가에서 한가로이 소나무를 기르네.

깊은 산에는 흰 호랑이가 잠을 자고

넓은 바다에는 푸른 용이 숨어 있네.

취하여 두 개의 층진 바위에서 자노라니

문득 크게 깨닫게 하는 종소리가 들리네.

---

40) 이 구절은 초당初唐의 시인 왕지환(王之煥, 688-742)의 「등관작루登鸛雀樓」에서
　　차용借用한 것이다. "밝은 해는 서산에 머물다 지고, 황하는 바다로 들어가려 흐
　　르네. 천 리 바깥을 다 보려고, 다시 누각의 한 층을 더 오르네[白日依山盡 黃河入海
　　流 欲窮千里目 更上一層樓]."라는 시의 제3구[轉句]이다.

무제無題 7수

自天和露由　　園春萬繡休
何嘗非富恨　　信可不良愁
山明花綴牖　　波靜月籠舟
水深三五尺　　每去養魚遊

절로 천기가 화창하고 이슬이 내리니
봄 뜰은 온갖 비단으로 아름답구나.
어찌 일찍이 부자가 아님을 한탄했으랴?
참으로 불량한 걱정이라고 할 만하네.
산이 환하니 꽃은 창을 꾸미고
물결이 고요하니 달빛은 배를 감싸네.
물 깊이가 석 자나 다섯 자쯤 되니
매일 가서 물고기를 기르며 노니네.

花明風又寂　　詩興闢窓多
整冠林僻處　　滌垢月澄河
春蕩花飛樹　　山回鶴睡蘿
學禮心還潔　　樂而不淫歌

꽃이 환하고 바람이 또 고요한데
시에 대한 흥취가 일어 창을 자주 여네.
숲속의 궁벽한 곳에서 갓을 바로 쓰고
달빛이 맑은 강에서 때를 씻네.
화창한 봄이라 꽃은 나무에서 날리고
둘러싼 산이라 학은 덩굴에서 잠자네.
예의를 배우니 마음이 또 깨끗한데
즐거워하되 음탕한 노래는 부르지 않네.

濩葛以爲絺　　服之無斁思
閑情臨澗水　　豪興對壺碁
佚宕今無學　　居然後有悲
天下均平道　　只在不失時

칡넝쿨을 삶아서 고운 갈포를 만드는데
입어도 싫증이 나지 않네.
한가로운 정취로 계곡물에 나아가고
호탕한 흥취로 술병과 바둑판을 마주하네.
방탕하여 지금 배우지 않으면
어느덧 훗날 슬퍼함이 있으리.
천하의 고르고 공평한 도리는
다만 때를 놓치지 않음에 있네.

王土日耕來　　認是足中才
碧山養蓍葉　　淸灘洗金盃
主敬天眞覺　　存仁趣旨開
聖道非高遠　　人胡不肯回

나라의 땅[41]에서 날마다 밭갈이해 오면서
이것이 족히 재주에 맞음을 아네.
푸른 산에서 시초[42] 잎을 기르고
맑은 여울에서 황금 술잔을 씻네.
공경을 주로 하여 천진을 깨닫고
어짊을 보존하여 취지를 펼치네.
성인의 도리가 높고 멀지 않거늘
사람들은 어찌하여 좀체 돌이키지 않는가?

---

41) 왕토王土는 왕에게 소속된 땅, 곧 왕의 땅이다. 나라의 땅이라는 의미이기도 하다.
42) 시초蓍草는 신령한 풀의 이름. 처음 싹이 돋을 때부터 50개의 잎이 똑같이 나와 자란다고 한다.

幽幽臨澗坐　　盡日竹竿垂
水月精通照　　乾坤氣合隨
三軍猶可服　　一理最難欺
以孝奉親者　　堂堂報國宜

조용히 시냇가에 앉아
종일 대나무 낚싯대를 드리우네.
물속의 달은 정기가 환하게 통하고
천지는 기운이 따라서 합쳐지네.
삼군43)은 오히려 굴복시킬 수 있어도
가장 속이기 힘든 것은 하나의 이치이네.
효도로 어버이를 봉양하는 자도
당당하게 나라에 보답함이 마땅하네.

---

43) 옛날 출병한 군대를 전군前軍, 중군中軍, 후군後軍으로 나누었는데 이를 통칭해
　　삼군三軍이라 한다.

藏智積眞陽　　震雷物潤光
閑意山增碧　　眞心水撥涼
惟勤種豆赤　　且務養芝蒼
桃源何處在　　拱手獨彷徨

지혜를 감추어 참된 양기를 쌓는데
천둥 벼락이 치니 사물은 광채가 나네.
뜻이 한가로우니 산은 푸른빛을 더하고
마음이 진실하니 물은 서늘함이 사라지네.
오직 부지런히 붉은 팥을 심고
또 힘써 푸른 영지를 기르네.
도원[44]이 어디에 있는가?
두 손을 맞잡고 홀로 오락가락하네.

---

44) 도원桃源은 무릉도원武陵桃源의 준말. 도연명(陶淵明, 대략 365-427)의 「도화원기
桃花源記」에 나오는 별천지를 뜻한다.

惟勤灑掃亭　　無關世俗冥
春政花枝赤　　歲工草堤靑
風靜愁心遠　　月朗醉夢醒
臨溪鍊鏡坐　　姸嬅照來盈

다만 부지런히 정자에 물 뿌리고 청소할 뿐이어서
어두운 세속과는 관련이 없네.
봄신[春神]의 정사[45]로 꽃가지가 붉어지고
계절의 공정으로 풀 언덕이 푸르러지네.
바람이 고요하니 근심스러운 마음이 멀어지고
달빛이 밝으니 취한 꿈이 깨네.
닦은 거울 같은 개울에 앉으니
곱고 추한 모습이 가득히 비쳐 오네.

---

45) 춘정春政은 봄의 신, 즉 춘신春神이 베푸는 정사政事로 봄철에 일어나는 제반 자
연 현상과 동식물의 변화를 뜻한다. 봄철에 잎이 피고 꽃이 피는 등의 현상과 변
화를 범칭汎稱한다.

칠언율시七言律詩 112수

산에 들어오니 감회가 있어서 [入山有感]

已識人間無所事　　獨遊暘谷採靈芝
閑坐茅窩修孔道　　更挑蠟燭誦朱詩
屬木傷聲振大陸　　隔窓夜雨漲秋池
有誰相話中庸趣　　如啞如聾心自怡

이미 인간 세상에는 일삼을 게 없음을 알아
홀로 양곡[46]에 노닐며 영지를 캐네.
한가로이 띳집에 앉아 공자의 가르침을 닦고
또 밀랍 촛불을 돋우어 주자[47]의 시를 읽네.
나무에 부딪치는 슬픈 소리에 대륙이 흔들리고
창문 너머의 밤비에 가을 못물이 불어나네.
누가 있어서 중용의 취향을 서로 이야기할까?
벙어리처럼 귀머거리처럼 있지만 마음은 절로 기쁘네.

---

46) 양곡暘谷은 해가 돋는 곳이다. 『회남자淮南子』「천문天文」편에 "해는 양곡暘谷에
　　서 나와 함지咸池에서 목욕한다[日出于暘谷 浴于咸池]."는 구절이 있다.
47) 주자朱子는 북송北宋의 유학자 주희(朱熹, 1130-1200)를 높여 부르는 말이다.

책 상자를 지고 산속의 누대를 찾아가다
[負笈訪山臺]

絶世塵緣此古臺　　克尋先哲德扉開
曉夜中天星彩列　　江山至月鴈聲來
力强年富無停讀　　泉烈酒香不已盃
浮華勿逐眞君子　　立志要如雪裡梅

이 옛 누대에서 세상의 티끌과 인연을 끊으니
옛 철인을 찾을 수 있는 덕망을 갖춘 사람의 문이 열려 있네.
새벽녘에는 중천에 별빛이 늘어서고
강산에는 동짓달에 기러기 소리가 들려오네.
힘세고 나이 젊으니[48] 쉼 없이 글을 읽고
샘물이 차갑고 술이 향기로우니 술잔을 그치지 않네.
겉만 화려함을 좇지 않는 게 참된 군자이니
뜻을 세움은 눈 속의 매화와 같아야 하네.

---

48) 역강연부力强年富는 힘이 세고 앞으로 살아갈 햇수가 많다는 의미. 힘이 세고 나
이가 젊다는 표현이다. 연부역강年富力强이라고도 한다.

산속 서재의 밤 흥취[山齋夜興]

出治南田薄暮回　　風淸橋畔月明臺
挑燈勤讀春秋傳　　開戶時聞夏澤雷
只憐九曲山林翳　　且愛三徑松菊頹
有愁就枕難成寐　　隱隱鍾聲到曉催

남쪽 밭에 나가서 일하다가 저물녘에 돌아오니
다리 곁 누대에는 바람이 맑고 달빛이 밝네.
등불 심지를 돋우고 부지런히 『춘추전』⁴⁹⁾을 읽고
지게문을 열고 때마침 여름 못의 천둥소리를 듣네.
다만 아홉 굽이 계곡이 산림에 가려짐을 안타까워하고
또 세 갈래 길⁵⁰⁾에 솔과 국화가 쇠퇴함을 사랑하네.
근심이 있으니 자리에 들어도 잠들기가 어려운데
은은한 종소리가 오는 새벽을 재촉하네.

---

49) 『춘추전春秋傳』은 공자孔子가 찬술撰述한 역사서인 『춘추春秋』에 관한 주석서註
釋書의 통칭通稱으로 『춘추좌전春秋左傳』, 『춘추공양전春秋公羊傳』, 『춘추곡량전春
秋穀梁傳』 등이 대표적이다.
50) 삼경三徑은 세 갈래로 뻗은 정원의 오솔길을 말한다. 은자隱者가 머무는 곳[門庭]
을 뜻한다. 한漢나라의 장후張詡가 뜰에 삼경三徑을 만들고 소나무[松]·국화菊

花·대나무[竹]을 심었던 데서 유래한다. 도연명(陶淵明, 대략 365-427)은 「귀거래사歸去來辭」에서 "삼경이 쓸쓸하게 변했지만 솔과 국화는 오히려 남았구나[三徑就荒 松菊猶存]."라고 읊었다.

기해년[51] 입춘 시[己亥立春詩]

窮陰萬戶啓陽新　　物物圈中胎化煙
天向六虛增景好　　溪通九疇引聲眞
三千大地都消雪　　十二深宮盡含春
江南江北和風暖　　方覺厥田力治辰

섣달[52]의 수많은 집에 양기가 새롭게 열리니

사물마다 테두리 내에서 태화[53]하는 연기로구나.

하늘은 육허[54]를 향하여 좋은 경관을 더하고

시내는 구주[55]에 통하여 참된 소리를 끌어들이네.

삼천[56] 개의 큰 천지에는 모두 눈이 녹고

열두 개의 깊은 궁전은 온통 봄기운을 품네.

강남과 강북에 온화한 바람이 따뜻하니

바야흐로 그 전답을 힘써 다스려야 할 때임을 깨닫네.

---

51) 기해년己亥年은 1959년이다.

52) 궁음窮陰은 음기陰氣가 꽉 찬 것으로 '한 해가 저무는 겨울', 곧 음력 섣달을 뜻한다.

53) 태화胎化는 생명을 잉태하여 몸 밖으로 나오는 것으로 '탄생'을 뜻한다.

54) 육허六虛는 상하上下와 사방四方으로 '광활한 우주 공간'을 뜻한다.

55) 구주九疇는 천제天帝가 우禹임금에게 주어 천하를 다스리게 했다고 하는 아홉 가

지 대법大法으로 낙서洛書를 뜻한다.

56) 삼천三千은 삼천세계三千世界, 삼천대천세계三千大天世界의 준말. 불교에서 말하
는 거대하고 무수한 세상을 의미한다.

봄날 3수[春日. 三首]

陽發乾坤春又回　　花紅葉綠萬千休
寥寥這處行尋理　　寂寂玆間坐縮頭
無常富貴惟君願　　不義功名不我求
腥塵此世由何道　　百畝勤耕撥石修

양기가 펼쳐진 천지에 봄이 또 돌아와서
꽃이 붉고 잎이 푸르니 온갖 것이 아름답구나.
쓸쓸한 이곳에서 이치를 찾아다니다가
고요한 이 틈에서 머리를 움츠리고 앉네.
무상한 부귀는 다만 그대의 바람일 뿐이요
의롭지 않은 공명은 나의 구함이 아니네.
비린 티끌이 날리는 이 세상은 무슨 도리 때문인가?
100무[57]의 땅을 부지런히 밭갈이하며 돌을 없애고 다듬네.

---

57) 무畝는 논밭 넓이의 단위. 1무는 한 단段의 1/10로 30평 정도의 넓이이다. 100무
는 3천 평의 전답을 의미한다.

水湧石梘脉脉回　　久看其理覺心休
花紫香深春暮際　　琴淸夜靜月明頭
紛紜此世誰人共　　闃寂書窓我友求
野人百畝多荒草　　竭力勤耕伐棘修

물이 돌 홈통에서 솟구치며 끊임없이 되돌아오는데
한참 그 이치를 살피다가 경각심을 그만두네.
봄이 저무는 시기의 붉은 꽃은 향기가 짙고
달 밝은 무렵의 맑은 거문고 소리에 밤이 고요하네.
어지러운 이 세상에서 누구와 함께 할까?
쓸쓸한 서재의 창에서 나의 벗을 구하네.
시골 사람의 100무의 전답에 거친 풀이 많으니
힘을 다하여 부지런히 밭갈이하며 가시나무를 베어내고 다듬네.

林僻山深水自回　和風陽谷見春休
陶陶豪興收烟末　寂寂人心露樹頭
明明至寶多心得　咄咄功名不世求
厥土上中厥賦稅　存三守一明明修

숲이 궁벽하고 산이 깊어 물이 절로 굽이치니
온화한 바람과 양지 바른 골짜기에서 아름다운 봄을 보네.
도도한 호탕한 흥취는 연기 끝에서 거두어지고
고요한 사람의 마음은 나무 꼭대기에서 드러나네.
진짜 보배는 분명히 마음에서 얻는 게 많고
공명은 한탄스럽게도 세상에서 구하지 않네.
중상급의 그 땅에 합당한 세금을 내니
셋이나 하나나 모두 잘 지켜 밝게 다듬어야겠네.

여름에[58] 해인사에서 묵으면서 [夏宿海印寺]

十二曲深又水深　　淙淙瀁瀁送淸音
俯看魚躍澄澄澤　　仰察鳥飛積積林
恒玆尸習修神氣　　每是幽求見性心
丈夫何事所爲業　　矢絶百思玉盞尋

열두 굽이 계곡이 깊고 또 물이 깊어

졸졸 콸콸 하는 맑은 소리를 보내오네.

맑은 못에서 뛰는 물고기를 굽어보고

쌓인 숲에서 나는 새를 우러러 살피네.

항상 이곳에서 정신 수양의 기운을 맡아 익히고

늘 여기에서 품성 발견의 마음을 깊이 구하네.

장부는 무슨 일을 과업으로 삼는가?

온갖 생각을 끊기로 맹세하며 옥 술잔을 찾네.

---

58) 경남 합천군 가야면 치인리의 가야산에 있는 해인사는 신라 애장왕 3년(802)에
순응 스님과 이정 스님이 창건했다. 우리나라 삼보사찰의 하나이며 고려 때 조
성된 팔만대장경판을 소장하고 있는 법보사찰이다.

가을날 즉흥적으로 짓다 5수[秋日卽事. 五首]

潛伏松深勇耐寒　力耕百畝豈無歡
時時執杖登山望　每每看書坐草安
新情恒逐無窮月　幽興但聽不息瀾
惟君莫貪當今富　不若守其心自寬

솔숲 깊은 곳에 숨어 용감하게 추위를 견디고
100무59)의 땅에서 농사를 힘써 지으니 어찌 기쁨이 없겠는가?
때때로 지팡이 잡고 산에 올라서 바라보고
날마다 글을 보며 풀밭에 앉아 편안히 여기네.
새 정감으로 늘 다함 없는 달을 좇고
그윽한 흥취로 다만 쉬지 않는 물결 소리를 듣네.
오직 그대는 지금의 부유함을 탐하지 마라.
그 마음을 스스로 넉넉하게 지킴만 못하리.

---

59) 무畝는 논밭 넓이의 단위. 1무는 한 단段의 1/10로 30평 정도의 넓이이다. 100무
   는 3천 평의 전답을 의미한다.

堪懼天聽若鏡明　　以公爲本退私行
林松深戶雲來靜　　塵雨晴窓風拂輕
察理修修因地利　　尋機脉脉用天貞
守之在己無他有　　何故世人外事營

하늘의 귀[60]는 거울처럼 밝아서 두려워 할 만하니
공정함으로 바탕을 삼아 사사로운 행동을 물리치네.
솔숲 속의 깊숙한 지게문을 구름이 조용히 찾아오고
먼지 비 맞은 갠 창을 바람이 가벼이 스치네.
조심스레 이치를 살핌은 땅이 이롭기 때문이요
끊임없이 기회를 찾음은 하늘이 곧은 까닭이네.
지키는 것이 자기에게 달려 있지 다른 데 있지 않은데도
무슨 까닭에 세상 사람은 다른 일로 핑계를 삼는가?

---

60) 천청天聽은 '어떤 말이나 소식이 하늘이나 제왕의 귀에 들어간 것'을 의미한다.

嚴威天眼下臨明　　今我豈其側路行
在山淸趣眞情重　　出世煩思變態輕
水潔松深雲自積　　月朗風靜夜還貞
誰知這裡惟眞業　　中土施肥芋栗營

하늘의 눈은 엄숙한 권위로 밝게 이 세상[61]에 임하거늘
지금 나는 어찌하여 기울어진 길을 가는가?
산에 거주하는 맑은 취향은 참된 정취를 무겁게 여기고
출세하려는 번잡한 생각은 변하는 모습을 가벼이 여기네.
물 맑고 솔숲이 깊으니 구름이 절로 쌓이는데
달 밝고 바람이 자니 밤이 도리어 굳건하네.
이 속에 오직 참된 일만 있음을 누가 아는가?
중급의 토지에 거름을 주어 토란과 밤을 키우네.

---

61) 하계下界는 아래에 있는 세계로 천상계에 대하여 사람이 사는 '이 세상'을 뜻한다.

無形有跡理天明　　葉綠花紅造化行
烟雲淡泊茲心穩　　風雨紛紜世態輕
聖言欲踏在山靜　　淸景爲看溯水貞
誰識吾生眞味足　　詩歌高處抱琴營

형체가 없고 자취가 있으니 정리된 하늘이 밝은데
잎이 푸르고 꽃이 붉음은 조화옹[62]의 실행이네.
연기와 구름이 담박하니 이 마음이 안온하고
바람과 비가 어지러우니 세태가 가벼워지네.
성인의 말씀을 실천하고자 고요한 산에서 머물고
맑은 경치를 바라보고자 미쁜 물을 거슬러 오르네.
나의 삶에 참맛이 넉넉함을 누가 알아서
시와 노래 소리 높은 곳으로 거문고 안고 와서 연주하는가?

---

62) 조화造化는 조화옹造化翁의 준말로 조물주造物主를 가리킨다.

閑中脉脉日長明　　認覺六虗火候行
安安眞業深尋得　　咄咄煩情已退輕
溪山兀兀深還寂　　智水當當潔復貞
回首乾坤荒草積　　勤耕伐採執簧營

끊임없는 한가로움 속에 해가 오래 밝으니
육허(63)에 화후(64)가 실행됨을 깨닫네.
참된 사업은 편안하게 깊이 찾아서 얻고
번거로운 뜻은 한탄하면서 이미 가볍게 물리쳤네.
우뚝한 시내와 산은 깊고 또 고요한데
당당한 지혜로운 물(65)은 깨끗하고 또 미쁘네.
머리를 돌리니 천지에는 거친 풀이 쌓였는데
부지런히 밭갈이하고 벌채하며 피리를 잡고 부네.

---

63) 육허六虗는 상하上下와 사방四方으로 광활한 우주 공간을 뜻한다.

64) 화후火候는 음식을 조리하거나 단약丹藥을 제조할 때 불의 세기를 조절하는 것으로 '공부의 성숙'이나 '긴요한 시기時機'를 비유적으로 드러내는 표현이다.

65) 지수智水는 지혜로운 사람이 좋아하는 물이라는 뜻이다. 『논어論語』「옹야雍也」편에 "지혜로운 사람은 물을 좋아하고 어진 사람은 산을 좋아하며, 지혜로운 사람은 움직이고 어진 사람은 고요하며, 지혜로운 사람은 즐거워하고 어진 사람은 오래 산다知者樂水 仁者樂山 知者動 仁者靜 知者壽l."라는 구절에서 연유한다.

겨울날 2수[冬日. 二首]

嚴霜威雪彼天寒　　且喜入山六籍看
身惟無逸思能聖　　心是在公夢亦安
調琴閑意頻隨月　　挑燭眞工靜坐欄
窓外鬪風皆異路　　閉脣藏舌養心寬

엄숙한 서리와 위력 있는 눈 때문에 저 하늘이 차가운데
또 산속에 들어가서 여섯 경전[66]을 보게 된 것을 기뻐하네.
몸이 오직 안일하지 말아야[67] 능히 성인을 생각하고
마음이 곧 공정함에 있어야 꿈 또한 안온하네.
거문고 줄을 고르는 한가로운 뜻으로 자주 달빛을 따르고
촛불의 심지를 돋우는 참된 공부로 고요히 난간에 앉네.
창밖에서 다투는 바람과는 모두 길이 다르니
입술을 닫고 혀를 감추어 심성을 넓게 기르네.

---

66) 육적六籍은 육경六經으로 『주역周易』, 『서경書經』, 『시경詩經』, 『춘추春秋』, 『예기 禮記』, 『악기樂記』 등을 가리킨다.

67) 무일無逸은 안일하게 지내지 말라는 뜻으로 주공周公이 어린 조카 성왕成王을 경 계해 지은 글의 제목이기도 하다.

腥風何處見眞痕　　執敬鍊爐獨撥昏
萬事不如修古道　　百工無若養心根
明明斯學攸先業　　咄咄世情何足言
隣人告我和春及　　事在終南水畔村

비린 바람 속 어느 곳에서 참된 자취를 보는가?

공경스럽게 단약을 제조하는 화로에서 홀로 어둠을 없애네.

온갖 일은 옛 도를 닦음만 못하고

갖은 공부는 마음의 뿌리를 배양하는 것만 못하네.

유가의 학문[68]은 선현이 닦은 것이며

한탄스러운 세상의 사정을 어찌 충분히 말하겠는가?

이웃 사람이 나에게 화창한 봄이 온 것 같다고 하니

일은 마치 가남[69]의 물가 마을에 있는 듯 바빠지네.

---

68) 사학斯學은 '이 학문學問'이라는 뜻으로 유가儒家의 학문·가르침[儒道·儒教·道理]을 가리킨다.

69) 가남伽南은 가야산伽倻山의 남쪽으로 작자의 고향을 가리키는 말이다. 현재의 경남 합천군 야로면 창동倉洞 마을이다.

겨울 풍경[冬景]

月吐庭園雪覆深　　詩人疑此或春林
一室淸情成玉器　　萬山通脉自泉音
檻前貞竹酬斯志　　案上眞書付此心
未見桃源惟可恨　　藜筇鞭撻不休尋

달빛 쏟아지는 정원에 눈이 깊게 덮이니
시인은 이것을 보고 혹시 봄 숲이 아닌지 의심하네.
한 집의 맑은 정취가 옥그릇을 이루고
온갖 산들의 통하는 줄기가 절로 냇물소리를 내네.[70]
난간 앞의 곧은 대나무는 이 뜻에 응답하고
책상 위의 참된 글은 이 마음에 부응하네.
도원[71]을 보지 못하여 오직 한탄할 만하니
청려장[72]으로 채찍질하며 찾기를 그만두지 않네.

---

70) 성파 스님은 이 부분을 "온갖 산들을 통하는 줄기가 샘으로부터 온다[萬山通脉自泉來]."는 신념을 지금도 가지고 있다고 설명하셨다.

71) 도원桃源은 무릉도원武陵桃源의 준말로 도연명陶淵明의 「도화원기桃花源記」에 나오는 별천지를 뜻한다.

72) 청려장靑藜杖은 명아주대로 만든 지팡이로 푸른빛을 약간 띤 흰색이다. 명아주는 심장에 좋은 식물로 알려져 있어 효자가 부모에게 바치는 선물로 활용되었다.

스스로 깨닫다 4수[自覺. 四首]

何多碌碌是非說　　思入天眞不厭寒
深笑人緣輕似沫　　方知師訓重如山
因財口護志猶憫　　從善形勞心自寬
孔聖垂垂三戒度　　在玆踏道勿推闌

어찌하여 시비를 따지는 말을 추종⁷³⁾함이 많은가?
생각이 천진에 들어가면 추위마저 싫지 않네.
사람의 인연이 거품처럼 가벼움을 깊이 비웃고
스승의 가르침이 산처럼 무거움을 바야흐로 아네.
재물 때문에 입으로 감싸도 뜻은 오히려 고달픈데
착함을 따르니 몸이 수고로워도 마음은 절로 느긋하네.
점차⁷⁴⁾ 성인 공자의 세 가지 경계⁷⁵⁾를 본받아야 하니
이 밟아가는 길에서 난간을 밀치지 마라.

---

73) 녹록碌碌은 주관 없이 추종하는 모양을 형용한 말이다.
74) 수수垂垂는 점점 이어지는 모양을 형용한 표현이다.
75) 삼계三戒는 공자孔子가 말한 군자가 조심해야 할 세 가지 경계警戒를 뜻한다. 『논어論語』「계씨季氏」편에 "군자에게 세 가지 경계해야 할 것이 있다. 젊을 때는 혈

기가 정해지지 않았으므로 색을 경계해야 하고, 장성해서는 혈기가 한창 강하므로 싸움을 경계해야 하며, 늙어서는 혈기가 쇠하므로 얻음을 경계해야 한다[君子有三戒 少之時 血氣未定 戒之在色 及其壯也 血氣方剛 戒之在鬪 及其老也 血氣既衰 戒之在得]."라는 구절이 있다.

男兒盍力平天下　律呂將之調暑寒
常愁未達一條路　何憂難成九仞山
要知處事無疑問　只在看書正性寬
花紅葉綠詩情足　盡日飽吟不覺闌

남아가 어찌 평천하[76]에 힘쓰지 않겠는가?
율려[77]로 그 더위와 추위를 맡아서 조절하네.
늘 한 줄기 길에 도달하지 못할 것을 근심하면서
어찌 아홉 길의 산을 이루지 못할 것을 걱정하는가?
일 처리는 늘 의문이 없어야 함을 알아야 하고
글 읽음은 다만 참으로 성품을 너그러이 함에 있네.
꽃이 붉고 잎이 푸르며 시의 정취가 넉넉하여
종일 실컷 읊조리느라고 끝낼 줄을 모르네.

---

76) 평천하平天下는 천하를 태평하게 하는 것으로 『대학大學』에 나오는 수기치인修己
治人의 과정[八條目] 가운데 마지막 단계이다. 팔조목은 격물格物, 치지致知, 성의誠
意, 정심正心, 수신修身, 제가齊家, 치국治國, 평천하平天下 등이다.
77) 율려律呂는 죽통竹筒의 길이를 각각 길고 짧게 해서 만든 12개의 악기로. 양육陽

六의 육률六律과 음률陰六의 육려六呂의 총칭으로 십이율十二律이라고도 한다. 육률은 황종(黃鍾, 11월), 태주(太簇, 정월), 고세(姑洗, 3월), 유빈(蕤賓, 5월), 이칙(夷則, 7월), 무역(無射, 9월) 등이고 육려는 대려(大呂, 12월), 협종(夾鍾, 2월), 중려(仲呂, 4월), 임종(林鍾, 6월), 남려(南呂, 8월), 응종(應鍾, 10월) 등이다.

回首我邦春日曀　　不思身苦伐氷寒
爲攄宵情迎素月　　踏來古道住靑山
出取榮名愁體沒　　還尋聖籍喜心寬
播種失時猶可畏　　況夫本性養爲闌

우리나라로 머리를 돌리니 봄날이 음산한데
찬 얼음을 캐던 육신의 고통을 생각하지 않네.
밤 정취를 드러내려고 흰 달을 맞이하고
옛 길을 밟아 와서 푸른 산에 머무네.
나아가서는 영화와 명성을 취하다가 몸이 없어질까 걱정하고
돌아와서는 성인의 저술을 찾아서 마음이 넓어짐을 기뻐하네.
씨 뿌릴 시기를 놓칠까 오히려 두려워할 만한데
하물며 저 본성을 양성함이 늦어지고 있음에랴?

疑天爲我道扉開　　於以携筇無逸回
芳香玄酒床前酌　　淡泊淸烟江上臺
龍將妙化海中在　　水擁眞誠石隙來
塵累不入風靜地　　冠童五六日徘徊

하늘이 나를 위해 도인의 문을 열었는지 의심하는데
그래서 지팡이를 짚고 안일하지 말아야 한다고[78] 돌이키네.
상 앞에서 향긋한 현주[79]를 따르노라니
강가의 누대에서 깨끗하고 맑은 연기가 일어나네.
용은 오묘한 변화를 부리며 바다 속에 있고
물은 참된 정성을 품고 돌 틈으로 흘러오네.
바람이 자는 곳에는 세속의 티끌[80]이 들어오지 않으니
갓 쓴 어른과 아이[81] 오륙 명이 날마다 배회하네.

---

78) 무일無逸은 안일하게 지내지 말라는 뜻으로 주공周公이 어린 조카 성왕成王을 경
　　계해 지은 글의 제목이기도 하다.
79) 현주玄酒는 고대古代 제사에 사용하던 청수淸水를 뜻한다.
80) 진루塵累는 티끌이 쌓이는 것으로 '세속의 너저분한 일' 또는 '그 일에 얽매임'
　　을 의미한다.
81) 관동冠童은 갓을 쓴 어른과 아이라는 뜻이며 『논어論語』 「선진先進」편에 나오는

고사에서 유래한 말이다. 자로子路, 염구冉求, 공서적公西赤, 증점曾點 등이 공자를 모시고 있었다. 공자는 제자들에게 각자의 뜻을 말해 보라고 했다. 자로를 비롯하여 염구와 공서적 등은 정치에 대해 말했다. 공자는 비파를 타고 있던 증점에게 "너도 말해 보라."고 했다. 증점은 비파를 놓고 "저의 뜻은 저들과는 다릅니다. 늦은 봄 봄옷이 만들어지면 갓을 쓴 어른 5-6명, 동자 6-7명 등과 함께 기수沂水에서 목욕하고 무우舞雩에서 바람을 쐬며 시를 읊고 돌아오겠습니다." 라고 대답했다. 공자는 그 뜻을 가상히 여겨 "나도 증점과 함께 하고자 한다."라고 말했다.

즉석의 감흥[卽感]

屋結南山石澗淸　　始知眞道在心晴
氣乘陰陽千里遠　　精通日月六虛明
惡隨世俗看書句　　爲潔胷情聽水聲
寧死何求分外物　　百私俱絶順天生

남쪽 산에 집을 지으니 돌 많은 골짜기의 냇물이 맑은데
비로소 참된 도리가 맑은 마음에 있음을 아네.
기운은 음양을 타서 천 리까지 멀어지고
정신은 일월과 소통하여 육허[82]에 환하네.
세속을 따르는 것을 싫어하여 책의 구절을 보고
가슴속의 품은 뜻을 깨끗이 하려고 물소리를 듣네.
차라리 죽을지언정 어찌 분수 외의 물건을 구하겠는가?
온갖 사욕을 모두 끊고 하늘에 순응하여 살아가리.

---

82) 육허六虛는 상하上下와 사방四方으로 '광활한 우주'를 뜻한다.

세상살이를 한가로이 읊다[處世閑吟]

一洗煩華坐靜欄　　已無爲寶古書看
只歡這裡神將哲　　惟喜玆中德不寒
道心全處溶溶水　　世事當時疊疊巒
父慈子孝齊家後　　報國均平何足難

번잡과 화려함을 한 번 씻고 고요한 난간에 앉아
이미 보배로 삼을 게 없으니 옛글을 보네.
다만 이 속에서 정신이 장차 밝아지려 함을 기꺼워하고
오직 이 가운에 덕업이 차갑지 않음을 기뻐하네.
도덕심은 온갖 곳에서 물이 용솟음치는 듯하고
세상일은 그 시절에 산이 겹겹이 두른 것 같네.
아버지는 자애롭고 자식은 효도하여 집안을 바로잡고 나면
나라에 보답하고 고르고 공평하게 함이 어찌 어렵겠는가?

벗 강도선[83]과 만나서 2수[逢友姜道先. 二首]

逢君倍昨談精神　　況且盍歡絶俗塵
酌後還飮迎素月　　着先更記會明春
苟貪外華豈義士　　專耕厥土是眞人
幸有林間論古者　　或時相對作仁隣

자네를 만나니 어제보다 갑절이나 정신을 이야기하는데
하물며 또 속세의 티끌을 끊었음을 어찌 기뻐하지 않으랴?
술 따른 뒤에 흰 달을 맞이하여 다시 마시고
먼저 시작하여 명년 봄에 만날 것을 또 기억하네.
구차스럽게 겉의 화려함을 탐하는 선비가 어찌 의롭겠는가?
오로지 그 땅에서 경작하는 사람만이 곧 진실하네.
다행히 숲속에 옛것을 논의하는 자가 있으니
간혹 때대로 서로 마주하여 어진 이웃이 되도록 하세.

---

83) 강도선姜道先은 작자의 서당 친구이다.

斯門投足已三年　能事最愁未畢前
擇玆仁里肯修道　借此朱書好作緣
俗古人閑鵬起舞　宅幽勢阻鹿回眠
克明俊德暫無已　宇內平安卜必然

이 문하에 발을 들인지 이미 3년이건만
잘하는 일을 마치기 전이어서 가장 걱정스럽네.
이 어진 사람의 마을84)을 택하여 기꺼이 도를 닦고
주자85)의 글을 빌려 좋은 인연을 맺네.
풍속이 고아하고 사람이 한가로우니 봉새가 일어나 춤추고
집이 그윽하고 산세가 험하니 사슴이 돌아와 잠자네.
큰 덕을 능히 밝히고자86) 잠시도 그만두지 않으니
온 세상의 평안을 반드시 점칠 수 있네.

---

84) 인리仁里는 어진 사람이 사는 마을이다. 『논어論語』 「이인里仁」편에 나오는 "어진
　　사람이 사는 마을은 아름다우니, 어진 곳을 골라서 살지 않으면 어찌 지혜롭겠
　　는가[里仁爲美 擇不處仁 焉得知?]"라는 구절에서 유래한 말이다.
85) 주자朱子는 북송北宋의 유학자 주희(朱熹, 1130-1200)를 높여 부르는 말이다.

86) 극명준덕克明俊德은 큰 덕을 능히 밝히다는 의미이다. 『서경書經』「요전堯典」에
　　"큰 덕을 능히 밝혀 구족을 친하게 하시니 구족이 이미 화목하거늘, 백성을 고루
　　밝히시니 백성이 덕을 밝히며, 만방을 합하여 고르게 하시니 백성들이 변하여
　　화목하였다[克明俊德 以親九族 九族旣睦 平章百姓 百姓昭明 協和萬邦 黎民於變時雍]."라고
　　나온다.

친우와 만나 함께 읊조리며 [逢親友共吟]

我有良朋自遠回　　不時置酒酌高臺
析理難容毫筆末　　唱詩能動地震雷
各贊家謀先世定　　共愁倫彛至今頹
吾遊深趣如山海　　一曲棹聲歲月催

나에게는 먼 데서 돌아온 좋은 벗이 있어
갑작스럽게 술을 마련하여 높은 누대에서 대작하네.
이치의 분석은 털끝만큼의 오차도 용납하기 어렵고
시의 수창[87]은 능히 땅을 흔드는 천둥처럼 요동하네.
앞선 세대에 정해진 집안의 계책을 제각기 돕고
지금에 와서 무너진 윤리의 떳떳함을 함께 근심하네.
내가 노니는 깊은 취향이 산과 바다와 같은데
한 곡조 뱃노래가 세월을 재촉하네.

---

87) 수창酬唱은 시가詩歌를 서로 주고받는 것을 말한다.

등불을 함께 쓰던 친우와 잠시 헤어지며. 이별시[暫別同燈親友. 別詩]

山疊松深秘密臺　　便從厥戶向南開
和牧園中駃牝走　　善治庭畔鳳凰來
景好愁狂難戒句　　朋賢寧醉不休盃
已知眞道於斯在　　一別君襟盍更回

겹친 산속 깊숙한 솔숲의 비밀스러운 누대에
문득 그 지게문이 남쪽으로 열려 있네.
평화롭게 방목하는 동산 속에는 암말이 달리고
잘 정리된 뜰 가에는 봉황이 찾아오네.
좋은 경치에 수심이 발작하여 시구를 경계하기 어려운데
어진 벗은 차라리 취할지언정 술잔을 그만두지 않네.
이미 참된 도리가 이곳에 있음을 알았으니
한 번 이별하더라도 자네의 옷깃이 어찌 다시 돌이키지 않겠는가?

봄날 삼각산[88] 백운대에 올라 [春登三角山白雲臺]

一笻破霧上高臺　　臺下澄波鏡面開
遺世閑情頻溯月　　絶塵淸趣數斟盃
春深蓍谷祥鵬起　　水活松溪白鮮來
雲淡風輕山又寂　　若斯好景孰知回

지팡이 하나로 안개를 깨치며 높은 석대에 오르니

대 아래에는 맑은 물결이 거울처럼 열리네.

세속과 다른 한가로운 정취로 자주 달빛을 거슬러 오르고

티끌을 벗어난 맑은 취향으로 거듭 술잔을 따르네.

봄이 깊은 시초[89] 골짜기에는 상서로운 붕새가 날고

물이 활발한 소나무 계곡에는 흰 물고기가 찾아오네.

구름이 옅고 바람이 가벼우며 산이 또 고요한데

이처럼 좋은 풍경 속으로 누가 돌아올 줄 아는가?

---

88) 삼각산三角山은 서울 북쪽에 있는 산으로 북한산北漢山이라고도 한다. 최고봉인
　　백운대白雲臺를 중심으로 북쪽의 인수봉仁壽峯과 남쪽의 만경대萬景臺가 있어 불
　　리는 이름이다. 화산華山, 화악華嶽이라고도 한다.

89) 시초蓍草는 신령한 풀의 이름. 처음 싹이 돋을 때부터 50개의 잎이 똑같이 나와
　　자란다고 한다.

계룡산⁹⁰⁾鷄龍山

矯首水晶峰上去　　最欣天日曝茅亭
一山景色隨眸見　　九曲濤聲悅耳聽
鹿子呦呦蒼蓍岸　　蛟魚鱍鱍白蓮汀
誰知此處眞眞趣　　閉口無言養莢靑

수정봉⁹¹⁾ 위로 고개 들고 올라가니
햇살이 띳집을 비추는 게 가장 기쁘네.
온 산의 경색이 눈길 따라 보이고
아홉 굽이의 물결 소리가 귀에 즐겁게 들리네.
사슴 새끼는 푸른 시초⁹²⁾가 돋은 언덕에서 울고
물고기와 용은 흰 연꽃이 핀 물가에서 헤엄치네.
누가 이곳의 진정한 정취를 알아서
입 닫고 말없이 푸른 명협⁹³⁾을 기르는가?

---

90) 계룡산鷄龍山은 충남 공주시와 계룡시 그리고 대전광역시 등에 걸쳐 있는 높이
845m의 산으로 국립공원으로 지정되어 있다.
91) 수정봉水晶峰은 충남 공주시에 소재한 계룡산鷄龍山의 봉우리로 해발 675m이다.
92) 시초蓍草는 신령한 풀의 이름. 처음 싹이 돋을 때부터 50개의 잎이 똑같이 나와
자란다고 한다.

93) 명협蓂莢은 중국의 요堯임금 때에 났다는 상서로운 풀이다. 초하루부터 보름까
   지 매일 한 잎씩 났다가 엿새부터 그믐날까지 매일 한 잎씩 떨어졌으므로 이것
   에 의하여 달력을 만들었다고 한다. 작은 달에는 마지막 한 잎이 시들기만 하고
   떨어지지 않았다고 하여 '달력 풀' 또는 '책력 풀'이라고 했다.

서해 바닷가에서 노니는 뜻. 군산[94]

[西海海上游情. 群山]

雲晴霧退風還靜[95]	直向中流運艦歸
已入蓮臺今日樂	且傷棠樹一生稀
俯看白蛤胎珠伏	仰見幽鷰率子飛
海上游情誰與說	存仁守敬暫無違

구름이 개고 안개가 물러나니 바람이 또 고요한데

곧장 중류에서 운행하던 배가 돌아가네.

이미 연화대[96] 속에 들어오니 오늘이 즐거운데

또 해당화나무를 손상하는 일은 일생에 드물 것이리라.

굽어보니 구슬을 품은 흰 조개가 숨어 있고

쳐다보니 새끼를 거느린 검은 제비가 나네.

바닷가에서 노니는 뜻을 누구에게 말하랴?

어짊을 간직하고 공경을 지킴에 잠시도 어긋남이 없네.

---

94) 군산群山은 전북의 서북부에 있는 도시이다.

95) 초고草稿에는 '적寂' 자를 '정靜' 자로 수정해 놓았다.

96) 연화대蓮花臺는 연꽃 모양으로 만든 불상佛像의 좌대座臺이다. 여기서는 신선 세계와 같은 이상세계를 뜻한다. 연화대의 불교적인 의미 여부에 대해 성파 스님에게 문의했더니 "여기의 이 단어에 불교적인 색채는 없다."라고 답변하셨다.

무제無題 83수

江山到處風塵暗　名利俱忘出世遲
忠心護似臨江日　義氣要如行戎時
賊恩求美小人志　改過就公君子期
簇林荒石惟他路　已識其然不我之

강산 곳곳이 풍진⁹⁷⁾에 어둑한데
명리를 모두 잊어도 세속을 벗어남이 더디네.
충성스러운 마음은 마치 강가에 나아간 날인 듯 보호하고
의로운 기운은 변방에 가는 때처럼 긴요하네.
은혜를 배반하고 미인을 구함은 소인의 뜻이요
잘못을 고쳐 공정함으로 나아감은 군자의 기약이네.
빽빽한 숲과 거친 돌은 오직 남의 길이니
이미 그러함을 아는 나는 거기로 가지 않으리.

---

97) 풍진風塵은 바람에 이는 먼지로 전란戰亂이나 속세俗世를 비유한다.

溪山幽處吟歸晚　　雲集門庭月載裳
聞道師翁當似渴　　弄雛親膝洽如狂
須練軍行防彼國　　且勤田力保其鄉
谷風習習心隨切　　爰闢南窓納一陽

시내와 산의 깊숙한 곳에서 읊다가 저녁에 돌아가니
구름은 문과 뜰에 모이고 달빛은 옷에 가득하네.
스승에게서 도리를 들음은 목마른 듯이 함이 마땅하고
어버이 슬하의 자식 희롱은 미친 듯이 흡족하네.
모름지기 군대의 행진을 훈련하여 나라를 방어하고
또 농사짓는 힘을 부지런히 하여 그 고향을 보전하네.
시원한 골바람에 마음이 따라 간절해져
이에 남쪽 창을 열고 한 줄기 햇볕을 받아들이네.

歎斯九宇風塵暗　　愛猶三徑松菊休
斥夷未遂惟深畏　　報國不平亦最愁
多耕沃土當盈庫　　何役怒濤逢敗舟
吾樂本非但絲竹　　瑤池芝谷日尋遊

이 넓은 세상98)이 풍진으로 어둑함을 탄식하며

아직도 세 줄기 길99)에 소나무와 국화의 아름다움을 아끼네.

오랑캐를 배척하지 못하여 오직 깊이 두렵고

나라의 은혜를 갚는 게 공평하지 않아 또한 가장 걱정스럽네.

비옥한 땅을 많이 경작하니 당연히 창고는 가득 차고

왜 노한 파도가 파손된 배를 만나도록 하는가?

나의 즐거움이 본래 다만 풍악100)에 있지 않아

옥 같은 못과 영지가 나는 골짜기를 날마다 찾아서 다니네.

---

98) 구우九宇는 구주九州 또는 고공高空을 뜻한다.

99) 삼경三徑은 세 갈래로 뻗은 정원의 오솔길을 말한다. 은자隱者가 머무는 곳[門庭]
을 뜻한다. 한漢나라의 장후張詡가 뜰에 삼경三徑을 만들고 소나무[松]·국화菊
花·대나무[竹]을 심었던 데서 유래한다. 도연명(陶淵明, 대략 365-427)은 「귀거

래사歸去來辭」에서 "삼경이 쓸쓸하게 변했지만 솔과 국화는 오히려 남았구나三
徑就荒 松菊猶存」."라고 읊었다.

100) 사죽絲竹은 줄과 대나무로 만든 악기 곧 현악기와 관악기로 풍악風樂・풍류風流
를 뜻한다.

槿國伽南別有春　　憐斯未見上來人
大功致志無他道　　實學成機在此辰
世情便向窮邊切　　至道還從困處神
何多咄咄異言說　　閑養心根似閉脣

무궁화 나라[101]의 가남[102]에 특별한 봄이 있는데
여기를 찾아 올라오는 사람을 볼 수 없으니 안타깝네.
큰 공덕을 이루는 뜻이 다른 데 있음이 아니고
실용의 학문으로 기틀을 완성함이 이날에 달려 있네.
세상의 물정은 문득 궁핍한 주변에서 절실하고
지극한 도리는 도리어 곤궁한 곳부터 영험이 있네.
어찌하여 혀를 차며 한탄케 하는 다른 말들이 많은데도
한가로이 마음씨를 닦으며 입술을 닫은 듯이 하는가?

---

101) 순국槿國은 무궁화의 나라, 곧 우리나라를 뜻한다.
102) 가남伽南은 가야산伽倻山의 남쪽으로 작자의 고향을 가리키는 말이다. 현재의 경남 합천군 야로면 창동倉洞 마을이다.

穀雨我邦和氣生　　饁田婦子認其情
亭空宿草當階碧　　谷靜春花隔戶明
沙鷗翔集兼葭岸　　月兎春奔桑柘城
三軍統率吾君子　　斥此四夷畿內橫

곡우103)에는 우리나라에 온화한 기운이 생겨나니

들밥을 내가는 아낙네는 그 뜻을 아네.

빈 정자에는 묵은 풀이 섬돌에 푸르고

빈 골짜기에는 봄꽃이 지게문 건너편에 환하네.

모래밭의 갈매기는 갈대 언덕에 날아 모이고

달 속의 토끼는 고향104) 고개에서 방아 찧느라 분주하네.

우리의 군자는 삼군105)을 통솔하여

수도 주변106)에 날뛰는 이 사방의 오랑캐를 물리치리.

---

103) 곡우穀雨는 24절기의 하나로 청명淸明과 입하立夏 사이에 있으며 양력으로 4월
　　20일경이다. 이때 봄비가 내려 온갖 곡식이 윤택하게 된다고 한다.

104) 상자桑柘는 뽕나무와 산뽕나무이다. 옛날에 집 담 밑에 이 나무를 많이 심었으
　　므로 향리鄕里의 주택이나 고향을 뜻하기도 한다.

105) 옛날 출병한 군대를 전군前軍, 중군中軍, 후군後軍으로 나누었는데 이를 통칭해
　　삼군三軍이라 한다.

106) 기전畿甸은 왕성王城을 둘러싼 지역을 가리킨다.

煩華謝退坐書亭　　山翳松層晝欲冥
水極精光林月白　　春將和氣麥芽靑
民政平時天政穩　　物心空處道心醒
古聖垂訓君覺否　　敬身靡日不奉盈

번거로움과 화려함을 버리고 글 읽는 정자에 물러나 앉으니
솔숲에 가려진 산은 낮인데도 어둑해지려고 하네.
물이 정밀한 광채를 띠니 숲의 달이 희고
봄이 화창한 기운을 지니니 보리 싹이 푸르네.
백성의 일이 평온할 때는 나라의 정치가 안온하고
재물의 욕심이 없는 곳에는 도를 닦는 마음이 깨어나네.
옛 성인이 남긴 교훈을 그대는 깨닫고 있는가?
경건한 몸으로 충분히 받들지 않는 날이 없네.

已知道在非高遠　　自少先防到老冥
脫俗眞情登岦屹　　吹簧閑趣步溪靑
孔聖圖書還有覺　　春山花席醉無醒
槿國三千和雨潤　　難停胷裡興盈盈

도는 높고 멀지 않은 곳에 있음을 이미 알았으므로
젊어서부터 늘그막에 우둔하지 않도록 미리 방비하네.
속세를 벗어난 참된 뜻으로 우뚝한 산봉우리를 오르고
피리 부는 한가한 취향으로 푸른 시내를 걷네.
성인 공자의 책에는 도리어 깨달음이 있고
봄 산의 꽃 핀 자리에서 취해 깨지 못하네.
무궁화 나라[107] 삼천리가 비에 촉촉이 젖으니
가슴속의 가득한 흥취를 자제하기 어렵네.

---

107) 순국槿國은 무궁화의 나라, 곧 우리나라를 뜻한다.

運體兢兢無不敬　天將於爾賜祺多
讀易新情遊北峀　誦詩餘興步南河
飛峭干天雲宿檜　鬱林倒水月生蘿
因財耗德非吾願　釃酒邀朋共蹈歌

움직이는 물체를 삼가 공경하지 않음이 없으니
하늘이 장차 너에게 복을 많이 주시리.
『주역』을 읽는 새로운 정감에 북쪽 봉우리에서 노닐고
『시경』을 외는 넘치는 흥치에 남쪽 강가를 거니네.
나는 듯한 벼랑이 하늘을 찌르니 구름은 노송나무에서 자고
울창한 숲이 물에 거꾸러지니 달은 덩굴에서 솟아나네.
재물 때문에 덕을 소모함은 나의 바람이 아니어서
술을 거르고 벗을 맞아 함께 춤추고 노래하네.

花紫葉靑春政穩　　玩來胷次別情多
世事當時增谷霧　　道心全處潔江河
溪柳破寒先舞絮　　雲岩得雨盡藤蘿
人而焉敢不知禮　　我有佳賓咏且歌

꽃은 붉고 잎은 푸르러 봄신[春神]의 정사[108]가 안온한데
노닐다 보니 가슴속에 특별한 의미가 많아지네.
세상일을 마주할 때는 골짜기에 안개가 많아지고
도를 닦는 마음이 온전한 곳은 강물이 깨끗해지네.
시냇가 버들이 추위를 깨뜨리자 먼저 솜털이 춤추고
구름 속 바위가 비를 얻으니 온통 등나무 넝쿨이구나.
사람으로서 어찌 감히 예의를 모를쏘냐?
나에게는 읊고 또 노래하는 좋은 손님이 있네.

---

108) 춘정春政은 봄의 신, 즉 춘신春神이 베푸는 정사政事로 봄철에 일어나는 제반 자
　　연 현상과 동식물의 변화를 뜻한다. 봄철에 잎이 피고 꽃이 피는 등의 현상과
　　변화를 범칭汎稱한다.

惟我所工滄海濶　　愼終如始養心多
知止幽情種豆畝　　安貧淸趣考盤河
芝谷遊餘還觀籍　　瑤池飮後更攀蘿
塵雨冥冥姑未霽　　獨愁難禁仰天歌

오직 나의 공부한 바는 큰 바다처럼 넓은데
처음처럼 마지막을 삼가서 심성을 많이 수양하네.
그칠 줄 아는 그윽한 뜻으로 밭이랑에 콩을 심고
가난을 편안히 여기는 맑은 취향으로 강가에서 노니네.[109]
영지가 나는 골짜기에서 노닌 뒤에 도리어 서적을 보고
요지에서 이슬을 마신 뒤 다시 덩굴을 부여잡네.
컴컴한 먼지 비가 짐짓 개지 않는데
홀로 수심을 금하기 어려워 하늘을 우러러 노래하네.

---

109) 고반考槃·고반考盤은 현자賢者가 은둔해 살며 즐거움을 이루는 곳을 말한다. 『시경
詩經』「위풍衛風·고반考槃」에 "고반이 시냇가에 있으니, 훌륭한 사람의 마음이
넉넉하도다[考槃在澗 碩人之寬]."라고 나오며 이에 대해 "고考는 이루는 것이요,
반槃은 즐거움이다."라고 해설해 놓았다.

推看四海無眞業　　還踏師言古道棲
臨澗取魚令父喜　　入山有鶴慰予啼
長空如水雲光靜　　大野連天草色萋
拱手登高望宇宙　　只愁曀日闘風凄

사해를 미루어 봐도 참된 일이 없는데
스승의 말씀을 되짚어 보면 옛사람의 도가 깃들어 있네.
개울에 나가면 아버지를 기쁘게 해 드릴 물고기를 잡는데
산에 들어오면 나를 위로하려고 우는 학이 있네.
높은 하늘은 물과 같아 구름 빛이 고요하고
큰 들판은 하늘에 이어져 풀 색깔이 무성하네.
손을 모으고 높은 곳에 올라 우주를 바라보니
다만 구름 속 햇살이 차가운 바람과 싸우는 게 근심스럽네.

伐木丁丁山日暖　　驚春林鳥盡奇啼
甘露霏霏寒雪退　　和風脉脉暢芽萋
三徑芍花雲氣淡　　一壇苞葉雨聲凄
已知非啻看玆景　　爲踏高城做杖藜

나무 베는 소리가 쩡쩡 울리고[110] 산속의 햇빛은 따뜻한데
봄기운에 놀란 숲속의 새는 기이함을 다하여 우네.
달콤한 이슬[111]이 부슬부슬 내려 찬 눈이 물러나고
화창한 바람은 끝없이 불고 돋아난 싹은 무성하네.
세 갈래 길[112]에 심어놓은 작약에 구름 기운이 담박한데
한 무더기의 그령 잎에 빗소리가 처량하다.
이미 알겠네, 이 경치를 보는 것뿐 아니라
높은 고개를 답사하려고 청려장[113]을 만들었음을.

---

110) 벌목정정伐木丁丁은 나무 베는 소리가 쩡쩡 울리는 것으로 '벗을 구하는 것'을 비유적으로 표현한 말이다. 『시경詩經』「소아小雅·벌목伐木」에 "나무 베는 소리가 쩡쩡 울리고, 새들은 재잘재잘 우네. 깊은 골짜기에서 나와, 큰 나무로 옮겨 가네[伐木丁丁 鳥鳴嚶嚶 出自幽谷 遷于喬木]."라는 구절이 있다.
111) 감로甘露는 '단 이슬'로 신선이 먹는 불사약不死藥을 가리킨다.

112) 삼경三徑은 세 갈래로 뻗은 정원의 오솔길을 말한다. 은자隱者가 머무는 곳[門庭]을 뜻한다. 한漢나라의 장후張詡가 뜰에 삼경三徑을 만들고 소나무[松]·국화菊花·대나무[竹]을 심었던 데서 유래한다. 도연명(陶淵明, 대략 365-427)은 「귀거래사歸去來辭」에서 "삼경이 쓸쓸하게 변했지만 솔과 국화는 오히려 남았구나[三徑就荒 松菊猶存]."라고 읊었다.

113) 청려장靑藜杖은 명아주대로 만든 지팡이로 푸른빛을 약간 띤 흰색이다. 명아주는 심장에 좋은 식물로 알려져 있어 효자가 부모에게 바치는 선물로 활용되었다.

魚盈濤順此南溪　　恒愛曝陽不克凄
採芝暘谷光風靜　　投筆晴山景色萋
亡常這處群夷雜　　習禮玆場多士齊
有愁就枕難成寢　　隱隱村西聽曉鷄

이 남쪽 개울은 물고기가 가득하고 물결이 순탄한데
늘 쏟아지는 햇살을 좋아하지만 처량함을 이기지 못하네.
영지를 캐는 환한 골짜기에 화창한 봄날114)이 고요하고
붓을 던지는115) 갠 산에 아름다운 경물이 한창이네.
이곳에 오상116)이 없으니 온갖 오랑캐가 뒤섞이고
이 마당에서 예법을 익히니 많은 선비가 즐비하네.
근심이 있으니 잠자리에 들어도 잠을 이루기 어려운데
마을 서쪽에서 은은하게 새벽닭의 울음소리가 들려오네.

---

114) 광풍光風은 비가 갠 뒤 맑은 햇살과 함께 부는 상쾌하고 시원한 바람으로 '화창한 봄날의 바람'을 가리킨다.
115) 투필投筆은 일반적으로 붓을 던진다는 의미로 글쓰기를 그만두는 것을 말한다. 여기서는 붓으로 글씨를 쓴다는 의미이다.
116) 오상五常은 인仁, 의義, 예禮, 지智, 신信 또는 오륜五倫을 뜻한다.

飽讀山窓渴睡眠　　五更星月湧蒼天
葛覃村北松千疊　　家在伽南水一邊
採藥三山多好景　　種桃九曲盡淸烟
何必追從紛雜事　　以書爲友送芳年

산창에서 마음껏 글을 읽노라면 잠이 몹시 오는데
오경[117]의 별과 달이 푸른 하늘에 솟아나네.
칡넝쿨은 마을 북쪽의 천 겹 솔숲으로 뻗는데
집은 가남[118]의 한 쪽 물가에 있네.
약초 캐는 삼신산[119]에는 좋은 경치가 많고
복숭아 심는 아홉 굽이에는 맑은 연기가 끝이 없네.
어찌 반드시 분잡한 일을 따르겠는가?
글을 벗 삼아 젊은 나이를 보내네.

---

117) 오경五更은 새벽 3시부터 5시 사이의 시간이다.
118) 가남伽南은 가야산伽倻山의 남쪽으로 작자의 고향을 가리키는 말이다. 현재의
　　 경남 합천군 야로면 창동倉洞 마을이다.
119) 삼신산三神山은 신선이 산다는 봉래산蓬萊山, 방장산方丈山, 영주산瀛洲山을 가리
　　 킨다.

覓道精神厭世華　　因還靜境結茅家
乃明夜色蒼空月　　聿暮年光白雪花
歡我異程初始背　　憐人此席等閑過
吾儒每日無窮樂　　使酒頻逢遠友歌

도를 찾는 정신은 세상의 화려함을 싫어하는데
그래서 고요한 곳으로 돌아와 띳집을 지었네.
푸른 하늘의 달빛에 곧 밤경치가 환해지고
흰 눈꽃 속에 세월이 저무네.[120]
나를 기쁘게 하는 다른 길은 처음으로 어긋나고
남을 사모하는 이 자리를 등한히 지나가네.
우리 유학자는 매일 즐거움이 무궁하여
술 취하면[121] 자주 먼 데 사는 벗을 만나 노래하네.

---

120) 세율歲律은 계절, 절기節氣, 세시歲時를 뜻한다.
121) 사주使酒는 술로 인해 일탈하는 것으로 술주정을 뜻한다.

一抹伽倻萬疊雲　薦琴携酒更來君
夜深谷澗當窓潔　風靜燭花傍案芬
精通九六存天一　氣乘陰陽造物分
手執竿絲南浦往　漁功未畢或愁曛

한 움큼쯤의 가야산은 구름이 만 겹인데

거문고 잡고 술병 차고 또 그대를 부르네.

밤이 깊으면 계곡물이 깨끗한 창에 닿고

바람이 자면 촛불 꽃이 향긋한 책상의 곁에 있네.

정신은 다양함[122]에 통해 하늘을 하나로 보존하고

기운은 음양을 타서 사물의 구분을 짓네.

손으로 낚싯대와 줄을 잡고 남쪽 포구로 가는데

물고기 잡는 일을 마치기 전에 혹여 저물 것을 걱정하네.

---

122) 구륙九六은 『주역周易』에서 양과 음을 아울러 일컫는 말로 구는 '노양老陽'을 일
컫고 육은 '노음老陰'을 일컫는다.

160

南山一奧結茅閭　　克孝奉親更讀書
欲明天義鍊金坐　　爲待賓朋釀酒居
和灰滌垢常時事　　執斧治氷及日漁
專勤無逸耕田者　　豊穀百囷自有餘

남산의 어느 구석에 띳집을 지으면
효성으로 어버이를 모시고 또 글을 읽을 수 있네.
하늘의 의리를 밝히려고 앉아 쇠붙이를 단련하고
손님과 벗을 대접하고자 살면서 술을 거르네.
잿물로 때를 씻는 것은 일상으로 하는 일이요
도끼로 얼음을 깨는 것은 날짜 맞추어 물고기를 잡고자 함이네.
오로지 부지런히 안일하지 않고[123] 밭 가는 자는
백 개의 창고에 곡식이 풍성하여 절로 남음이 있으리.

---

123) 무일無逸은 안일하게 지내지 말라는 뜻으로 주공周公이 어린 조카 성왕成王을
경계해 지은 글의 제목이기도 하다.

風塵不入此閑閭　　掃榻回燈讀古書
充全性命惟公務　　靜養心根愼獨居
肯臨月下時時詠　　更溯溪南日日漁
舍己從人君子道　　將看萬國共平餘

풍진이 이 한가한 집에는 들어오지 않으니
책상의 먼지를 쓸고 등불을 켜 옛글을 읽네.
생명을 온전하게 채움은 공정한 일을 생각함이요
마음씨를 고요히 수양함은 홀로 있음을 삼감이네.
기꺼이 달빛 아래에 나가 때때로 읊조리고
또 시내 남쪽을 거슬러 올라 날마다 물고기를 잡네.
나를 버리고 남을 좇는[124]게 군자의 도리이니
장차 온갖 나라가 함께 넉넉히 다스려지게 됨을 보리라.

---

124) 사기종인舍己從人은 자기의 생각을 버리고 남의 장점을 따르는 것으로 맹자가
　　순舜임금을 두고 한 말이다. 『맹자孟子』「공손추公孫丑」(상上)에 "대순大舜은 이
　　보다 더 위대했으니, 선을 남과 함께하여 자신을 버리고 남을 따랐으며, 즐겁
　　게 남에게서 취하여 선을 행하였다[大舜有大焉 善與人同 舍己從人 樂取於人 以爲善]."
　　라는 구절이 있다.

俗美人淳此一閭　　織耕暇業讀朱書
尙智閑情蒼澗溯　　崇仁高趣碧山居
烟簑掛柳頻行拾　　月鉤垂汀閑坐漁
一微塵累難容地　　鼓瑟吹笙興有餘

풍속이 아름답고 인심이 순박한 이 한 마을에서
베 짜고 밭 가는 생업의 여가에 주자[125]의 글을 읽네.
지혜를 숭상하는 한가한 뜻으로 푸른 계곡을 거슬러 오르고
어짊을 숭상하는 고상한 취향으로 푸른 산에서 사네.[126]
안개 속에 도롱이를 버들에 걸어 두고 자주 다니며 거두고
달빛에 낚시를 물가에 담그고 한가로이 앉아서 물고기 잡네.
작은 티끌 한 점도 용납하지 않는 곳에서
비파를 타고 생황을 부니 흥취가 넘치네.

---

125) 주자朱子는 북송北宋의 유학자 주희(朱熹, 1130-1200)를 높여 부르는 말이다.
126) 이 구절은 요산요수樂山樂水, 즉 "어진 사람은 산을 좋아하고 지혜로운 사람은
　　 물을 좋아한다[仁者樂山 知者樂水]."라는 『논어』「옹야雍也」편에 나오는 구절을 활
　　 용한 표현이다.

數間講舍傍樵閭　　深愛無時不讀書
斥彼夷邦當歲滅　　擇玆仁里一生居
謀全祖業雲中耨　　爲悅親心江上漁
琢玉能誠暫不已　　孰知其興飽還餘

나무꾼 집 옆의 몇 칸짜리 공부방이지만
매우 사랑하여 글을 읽지 않는 때가 없네.
올해에는 저 오랑캐의 나라를 물리쳐서 없애고
한평생 이 어진 사람의 마을127)을 골라서 살고 싶네.
조상의 가업을 온전하게 지키려고 구름 속에서 김을 매고
어버이의 마음을 기쁘게 해 드리려고 강가에서 물고기를 잡네.
성실히 옥을 쪼는 노력을 잠시도 그만두지 않으니
가득하여 도리어 넘치는 그 흥취를 누가 알겠는가?

---

127) 인리仁里는 어진 사람이 사는 마을이다. 『논어』 「이인里仁」편에 있는 "어진 사
　　람이 사는 마을은 아름다우니, 어진 곳을 골라서 살지 않으면 어찌 지혜롭겠는
　　가里仁爲美 擇不處仁 焉得知?"라는 구절에서 유래한 말이다.

泥封石築士人間　　晝力南田曉讀書
雪色晴窓時坐咏　　風靜聲處每尋居
北屹靑山因蓍採　　南縈素水乃鱨漁
載奔衡宇傾樽酌　　和樂且耽興有餘

진흙으로 돌 축대의 틈새를 채운 것이 선비의 집인데
낮에는 남쪽 밭에서 힘을 쓰고 새벽에는 글을 읽네.
백설 색깔로 갠 창에 때때로 앉아서 읊고
바람 소리가 고요한 곳을 늘 찾아서 사네.
북쪽의 우뚝한 푸른 산에서 시초[128]를 꺾고
남쪽의 굽은 하얀 물에서 동자개를 잡네.
문득 누추한 집으로 달려가[129] 술동이를 기울여 마시니
화락하고 또 즐거워서 흥취가 넘치네.

---

128) 시초蓍草는 신령한 풀의 이름. 처음 싹이 돋을 때부터 50개의 잎이 똑같이 나와 자란다고 한다.
129) 재분형우載奔衡宇는 '문득 누추한 집으로 달려간다'는 뜻으로 도연명陶淵明의 「귀거래사歸去來辭」에 있는 "이윽고 누추한 집을 바라보고 문득 기뻐하며 뛰어가니, 어린 하인은 반갑게 맞이하고 어린 아들은 문에서 기다리네[乃瞻衡宇 載欣載奔 僮僕歡迎 稚子侯門]."라는 구절을 변용한 것이다.

山雨初晴山月明　　詩思卽刻豫先生
溫故知新皆實業　　追時附勢盡虛名
書中聖訓惟深信　　窓外風聲少不驚
莫道吾人無別樂　　崇仁高趣踏山行

산속 비가 막 개자 산중 달이 밝은데
시를 짓고 싶은 생각에 곧바로 선생과 함께하네.
옛것을 익혀 새것을 앎[130]은 다 실제의 일이지만
시절을 좇아 세력에 붙음은 모두 헛된 이름이네.
글 속에 있는 성인의 가르침을 오직 깊이 믿고
창밖에 부는 바람 소리에 조금도 놀라지 않네.
우리에게 특별한 즐거움이 없다고 말하지 마라.
어짊을 숭상하는 고상한 취향으로 푸른 산속을 거니네.[131]

---

130) 온고지신溫故知新은 '옛것을 익혀 그것을 토대로 새것을 안다'라는 의미이다.
『논어』「위정爲政」편에 "옛것을 익혀 새것을 알면 스승이 될 만하다[溫故而知新
可以爲師矣]."라는 구절이 있다.
131) 이 구절은 요산요수樂山樂水, 곧 '어진 사람은 산을 좋아하고 지혜로운 사람은
물을 좋아한다[仁者樂山 知者樂水]'라는 공자孔子의 말을 활용한 표현이다.

一點書燈傍案明　　得朋論理興因生
全仁此日守眞性　　種德他時振大名
松窓透月人惺睡　　湖水無風舟不驚
紛煩末世曾何事　　日日溪南拱手行

독서용 등불[132] 한 점이 책상 옆에 밝은데
친구를 만나 이치를 논의하면 흥취가 생기네.
어짊을 온전히 하면 오늘 참된 품성을 지키고
덕을 심으면 뒷날에 큰 이름을 떨치리.
소나무 옆의 창을 뚫고 온 달빛은 사람의 잠을 깨우지만
호수에 자는 바람은 배를 놀라게 하지 않네.
어지럽고 번거로운 말세에 일찍이 무슨 일을 하였는가?
날마다 시내 남쪽에서 팔짱 끼고 거니네.

---

132) 서등書燈은 글을 읽을 때 켜 놓는 등불로 요즘의 전기스탠드에 해당하는 물건
　　이다.

蕭淸書舍一燈明　　肯讀心頭別意生
貴義輕財惟尙德　　忌盈惡滿不求名
雪肥南畝春心閉　　月白高林鳥夢驚
世間豪奢人皆樂　　入道眞程獨我行

엄숙하고 맑은 서당 집에 등불 하나가 밝아
기꺼이 책을 읽으려는 마음에 특별한 의욕이 생기네.
의리를 귀하게 여기고 재물을 경시하여 오직 덕을 숭상하고
가득함을 싫어하고 참을 꺼려서 명성을 구하지 않네.
눈 쌓인 남쪽 전답에 봄기운이 닫히고
달 밝은 높은 숲에서 새의 꿈이 놀라네.
세간의 호사를 사람들이 모두 즐기지만
도에 들어가는 참된 과정을 다만 내가 걸어갈 뿐이네.

如今刮目故人尋　　至理論中夜已深
竹竿揮在漁翁手　　松燭照明學士心
採藥雲山多別景　　讀書茅屋但眞音
從古元無長寂理　　輔仁實趣執朋襟

막 눈을 비비고 일어나 친구를 찾아가
지극한 이치를 논의하다 보니 밤이 이미 깊었네.
대나무 장대는 늙은 어부의 손에서 휘둘러지고
관솔 촛불은 배우는 선비의 마음을 밝히네.
약초 캐는 구름 낀 산에 특별한 경치가 많은데
글 읽는 띳집에는 다만 참된 소리뿐이네.
예로부터 원래 영원히 적막한 이치는 없으니
인덕을 보강하는[133] 실제의 취향으로 벗의 옷깃을 잡네.

---

133) 보인輔仁은 자신의 인덕仁德을 돕는 것이다. 『논어』 「안연顔淵」편에 "군자는 학
　　문을 통해 벗을 모으고, 벗을 통해 자신의 인덕을 보충한다[君子以文會友 以友輔
　　仁]."라는 구절이 있다.

渾然天理這中過　物死物生變化多
讀易晴窓來好月　無風鏡水自淸波
蒼蒼天畔星辰列　脉脉閑中日月磨
不耕百畝惟荒草　白髮當時恨奈何

혼연한 하늘의 이치가 이 가운데 지나가니
사물이 죽고 사는 데에 변화가 많네.
『주역』을 읽노라니 갠 창에 좋은 달이 찾아오고
바람이 없으니 거울 같은 물에 절로 물결이 맑네.
푸른 하늘가에 별들이 늘어서고
끊임없는 한가로움에 해와 달이 지나가네.
100묘[134]의 전답은 갈지 않으면 다만 잡초가 거칠텐데
백발이 되고 나서 한탄한들 무슨 소용인가?

---

134) 무畝는 논밭 넓이의 단위. 1무는 한 단段의 1/10로 30평 정도의 넓이이다. 100
무는 3천 평의 전답을 의미한다.

欲識眞誠踏水過　　反身其理覺心多
風靜深窓憐舊色　　月明淸澤漲新波
蒼松簇簇靑山立　　潔澗幽幽白石磨
腥塵無處任情地　　矢絶百思習禮何

참된 정성을 알고 싶어 물을 밟고 지나가는데
자신을 돌아보면 그 이치에서 깨닫는 마음이 많아지네.
바람이 고요한 깊은 창은 옛 색깔이 사랑스럽고
달 밝은 맑은 못에는 새 물결이 불어나네.
파란 솔은 빽빽이 푸른 산에 서 있고
깨끗한 계곡물은 그윽하게 흰 돌을 갈아대네.
비린 먼지[135] 속에 뜻을 마음대로 할 곳 없으니
온갖 생각을 끊기로 맹세하고 예법을 익힘이 어떠한가?

---

135) 성진腥塵은 '비린 먼지'라는 의미로 전쟁이나 어지러운 세상을 비유적으로 표
　　현한 말이다.

誰知吾道實非深　　只在守全寸尺心
寶鑑聊拭香爐索　　明德肯修玉盞尋
谷水新情隨月景　　隔林淸瑟送灘音
回首世間無所業　　梅蕉日撫或擧斟

나의 도가 실제로 깊지 않음을 누가 아는가?
다만 작은 마음을 온전히 지키는 데 있을 뿐이네.
오로지 보배로운 거울을 문지르며 향로를 탐색하고
기꺼이 밝은 덕을 닦으며 옥 술잔을 찾네.
골짜기 물의 새로운 정취에 달그림자를 따르고
숲 너머의 맑은 비파는 여울 소리를 보내네.
머리를 돌려도 세상에는 할 일이 없어서
날마다 매화와 파초를 어루만지다가 간혹 술잔을 드네.

水回石白又松深　　其裡恒居堅守心
要知天理登山望　　欲覺眞情踏水尋
寂寂空窓人少到　　幽幽僻地鳥多音
堪嘆世路多傾側　　獨送煩愁一酌斟

굽이도는 물에 돌이 희고 또 솔숲이 깊은데
늘 그 속에 살면서 마음을 굳게 지키네.
하늘의 이치를 알려고 산에 올라 바라보고
참된 뜻을 깨닫고자 물을 답사하여 찾네.
빈 창은 고요하여 찾아오는 사람이 적은데
궁벽한 땅은 깊숙하여 지저귀는 새가 많네.
세상길에 기울어짐이 많음을 탄식할 만하여
홀로 번잡한 시름을 보내려고 술 한 잔을 따르네.

愛日至誠錫福康　　鷄鳴已起掃親堂
存心養性時尋義　　格物致知日踏當
除煩要處性眞索　　退慾全時不利望
堪嘆世間多愚者　　外似有能實面墻

남은 날을 아까워하는[136] 지극한 정성에 복과 건강을 주서서
닭이 울면 이미 일어나 어버이 방을 청소하였네.
존심양성[137]으로 항상 의리를 찾고
격물치지[138]로 나날이 마땅히 그러해야 함을 실천하네.
참된 인성을 찾는 것이 번거로움을 없애는 요점이고
욕심이 사라진 모든 순간에는 이익을 바라지 않는다네.
세간에 어리석은 자가 많음을 탄식할 만하니
겉으로 유능한 듯하여도 실제는 담장을 마주하고[139] 있네.

---

136) 애일愛日은 부모를 모실 날이 얼마 남지 않았음을 애석하게 여기는 것으로 '부모가 살아 계실 때 효성을 다하고자 한다' 라는 의미이다.
137) 존심양성存心養性은 '본심을 보존하고 정성正性을 배양한다' 라는 의미이다.
138) 격물치지格物致知는 사물의 이치를 규명하여 지혜를 함양한다는 의미이다.

139) 면장面墻은 '담벼락을 마주하는 것'으로 식견이 좁음을 가리킨다. 『논어』 「양
     화陽貨」편에 나오는 "사람이 「주남周南」과 「소남召南」을 읽지 않으면 그것은 바
     로 담장을 대면하고 서 있는 것과 같다[人而不爲周南召南 其猶正牆面而立也歟]."라는
     구절에서 유래한 말이다.

誰知興國在新民　　只是敬而直內辰
有實眞功斯我得　　無窮造化理天神
修心脉脉守全體　　愛日悠悠奉養親
玆間閑樂誰能識　　野採山樵又釣濱

나라를 흥하게 함이 백성의 혁신에 있음을 누가 아는가?
다만 공경하고 내면을 바르게 함에 있을 뿐이네.
실속 있는 참 공부는 자아를 여기에서 터득함이요
다함 없는 조화는 하늘을 다스리는 정신이네.
심성을 수양함은 끊임없이 몸을 온전하게 지킴이요
남은 날을 아까워함은 느긋하게 어버이를 받들어 모심이네.
이 사이의 한가로운 즐거움을 누가 알 수 있는가?
들에서 채취하고 산에서 나무하며 또 물가에서 낚시질하네.

禮習理窮治本民　　風塵天地獨安辰

飛潛走植生成跡　　赤白靑黃造化神

浴前淸興山相對　　讀後閑情月與親

莫怨玆間無趣味　　孝恭餘業釣魚濱

예법을 익혀 이치에 밝고 백성을 통치의 근본으로 삼으면

풍진이 가득한 천지에서도 근심 없이 편안한 날을 보내리.

날고 숨기고 달리고 심는 것은 생성의 흔적이요

붉고 희고 푸르고 누른 것은 조화의 정신이네.

목욕하기 전에는 맑은 흥취로 산과 서로 마주하고

글 읽은 뒤에는 한가로운 정취로 달과 더불어 친밀하네.

이 사이에 흥취와 맛이 없다고 원망하지 마라.

효도를 다 한 뒤 여유가 있다면 물가에서 물고기를 낚는 것이네.

爲貧爲富問何故　　只由天施無妄辰
安安道味風生爽　　寂寂秋心花落神
理氣其然看物究　　聖言要跡反身親
塵世武陵何處索　　漁郎歸棹九州濱

가난함과 부유함을 묻는 까닭이 무엇인가?

다만 하늘의 베풂은 망령됨이 없음에 말미암을 뿐이네.

도덕의 맛은 편안하여 바람이 시원하게 일어나고

가을의 뜻은 고요하여 꽃이 신비롭게 떨어지네.

이기理氣의 그런 이치는 사물을 보아 탐구하고

성인 말씀의 긴요한 자취는 자신을 돌아보아 경험하네.

티끌처럼 번다한 세상에 무릉도원[140]은 어디에 있을까?

어부는 구주[141]의 물가에서 배를 돌려 돌아가네.

---

140) 무릉武陵은 무릉도원武陵桃源의 준말로, 세상과 따로 떨어진 별천지別天地를 뜻
　　한다. 도연명(陶淵明, 대략 365-427)의 「도화원기桃花源記」에 나오는 이상향으
　　로, 진晉나라 때 호남湖南 무릉의 한 어부가 배를 저어 복사꽃이 아름답게 핀 수
　　원지로 올라가 굴속에서 진秦나라의 난리를 피해 온 사람들을 만났는데 그곳

은 살기가 좋아 바깥세상의 변천과 많은 세월이 지나간 것도 모른 채 살고 있었다고 한다.

141) 구주九州는 아홉 개의 주州로 중국 전역을 뜻한다. 중국은 고대에 전국을 9개의 주로 나누어서 통치한 데서 유래한다.

安安生計在寅時　　竭力盡忠百畝治
野路深園紛雜草　　溪上幽處獨香芝
理氣其然惟在究　　神精要跡何難知
塵雨乾坤猶未霽　　區區只恨鳳遲遲

편안한 생계는 인시[142]에 있으니
힘을 다하고 충성을 다하여 100무[143]의 전답을 농사짓네.
들길과 깊은 뜰에는 잡초가 어지럽고
시냇가 그윽한 곳에는 향기로운 영지가 홀로 있네.
이기理氣의 그러한 이치는 오직 탐구에 달려 있는데
신비한 정신의 긴요한 자취는 어찌하여 알기 어려운가?
천지에는 먼지 비가 아직 개지 않고 있는데도
구차스럽게 다만 봉황의 출현이 더딤을 한탄할 뿐이네.

---

142) 인시寅時는 새벽 3시에서 5시 사이의 시간으로, 이른 아침을 뜻한다.
143) 무畝는 토지 넓이의 단위이다. 1무는 한 단段의 1/10로 30평 정도이다. 100무는
　　 3천 평 정도의 전답이다.

萬蟲千葉與春開　　不堪自情獨上臺
閑人磨玉幽幽處　　明月有情夜夜來
每每看書忘世事　　時時察理絶塵埃
谷辟山深風雨寂　　朝朝暮暮獨徘徊

수많은 벌레와 잎들이 봄과 함께 펼쳐지니
스스로의 정감을 견디지 못하여 홀로 누대에 오르네.
한가로운 사람은 옥을 갈며 깊은 곳에 사는데
밝은 달은 정이 있어 밤마다 찾아오네.
날마다 글을 보며 세상일을 잊고
때마다 이치를 살피며 세속의 티끌을 끊네.
골짜기가 궁벽하고 산이 깊으며 비바람이 고요하니
아침저녁마다 홀로 오락가락하네.

木末胎蒼花又開　　不勝春興起樓臺
幽幽竹葉含風語　　脉脉君裾載月來
閑榻寥寥因有句　　磨窓寂寂自無埃
身遊何處修何道　　禮習詩誦獨此徊

나무 끝에 푸른색이 스미고 꽃이 또 피어나니
봄의 흥취를 이기지 못하여 누대를 세우네.
대나무 잎은 그윽하게 바람을 머금어 조잘대고
그대의 옷자락은 끊없이 달빛을 실어 오네.
텅 비어 한가한 책상에서 시를 지으니
고요하게 연마하는 창에는 자연스레 티끌이 없어지네.
몸은 어디서 놀며 무슨 도를 닦는가?
예법을 익히고 시를 외며 홀로 이곳에서 배회한다.

和風拂拂百花開　　引將春興坐書臺
芳花馥馥蝶飛亂　　綠葉沉沉鳥啼來
脉脉守全天稟性　　幽幽斷絶俗塵埃
習習禮風寥寥地　　琴書手執獨徘徊

온화한 바람이 부니 온갖 꽃이 피어나고
봄의 흥취에 끌려 글 읽는 누대에 앉았다.
싱그러운 꽃이 향긋하니 나비가 어지러이 날고
푸른 잎이 어둑하니 새가 와서 우네.
타고난 품성을 끊임없이 온전히 지키고
세속의 티끌을 아득히 끊어 버리네.
예법의 바람이 시원히 부는 쓸쓸한 곳에서
거문고와 책을 손에 잡고 홀로 오락가락하네.

和雨和風灑戶間　　紅心樹樹露眞顔
抱琴夜夜肯隨月　　執杖時時踏去山
茅屋晴塵時穩穩　　書窓無事送閑閑
紛紜苦雨爭蜂世　　誰與賞春浴沂還

온화한 비와 바람이 지게문 틈을 씻어 주니
붉은 꽃봉오리가 나무마다 참모습을 드러내네.
밤마다 거문고를 안고 달을 즐겨 따르고
때마다 지팡이를 잡고 산을 밟아가네.
띳집에 티끌이 걷히니 시절이 안온하고
서재의 창에 일이 없으니 시간이 한가롭네.
어지러운 장맛비처럼 난잡함을 다투는 세상에서
누구와 함께 봄을 감상하고 기수에서 목욕[144]하고 돌아올까?

---

144) 욕기浴沂는 기수沂水에서 목욕하는 것으로, 『논어論語』 「선진先進」편의 고사故事
　　에서 유래된 말이다. 자로子路, 염구冉求, 공서적公西赤, 증점曾點 등이 공자를 모
　　시고 있었다. 공자는 제자들에게 각자 자기의 뜻을 말하라 했다. 자로를 비롯
　　하여 염구와 공서적 등은 각각 정치에 대해 말했다. 공자는 비파를 타고 있던
　　증점에게 '너도 말하라' 하니, 증점은 비파를 놓고는 "저의 뜻은 저들과는 다

룹니다. 늦은 봄, 봄옷이 만들어지면 갓을 쓴 어른 5-6명, 동자 6-7명과 함께 기수沂水에 목욕하고 무우舞雩에서 바람 쏘며, 시를 읊고 돌아오겠습니다."라고 대답했다. 공자는 그의 뜻을 가상히 여겨 "나도 증점과 함께 하고자 한다."라고 말했다.

豪雨紛紛添百畝　　千枝萬葉總春顔
鱉魚澤裡澄澄水　　隱士門前疊疊山
誦詩深戶風聲潔　　讀易晴窓月色閑
風塵何處任情地　　習禮玆筵獨覺還

거센 비가 어지러이 100무145)의 전답에 쏟아지니
많은 나뭇가지와 잎은 온통 봄빛이 도네.
물고기가 헤엄치는 못 속에는 물이 맑고
선비가 은거하는 문 앞에는 산이 겹치네.
『시경』을 외는 깊은 문호에는 바람 소리가 깨끗하고
『주역』을 읽는 갠 창에는 달빛이 한가하네.
풍진 속에 어느 곳에서 마음대로 할 수 있는가?
예법을 익히는 이 자리로 돌아와야 함을 홀로 깨닫네.

---

145) 무畝는 토지 넓이의 단위이다. 1무는 한 단段의 1/10로 30평 정도의 넓이이다.
　　 100무는 3천 평 정도의 전답을 의미한다.

鹿步幽林石守門　喜心聖籍穩心魂
磨玉庭前風習習　誦詩窓外雨昏昏
閑士深園迎夜月　親朋吟榻送春樽
違眞失本爭蜂世　雲霧紛紛晝欲曛

깊은 숲에는 사슴이 거닐고 문에는 돌이 지키는데
기쁜 마음으로 성인의 저술에서 정신을 가라앉히네.
옥을 연마하는 뜰 앞에 바람이 시원하고
시를 외는 창밖에 비가 어둑하네.
한가로운 선비는 깊은 뜰에서 밤 달을 맞이하는데
친한 벗은 시 읊는 책상에 봄 술동이를 보내 주네.
진실과 어긋나고 근본을 잃어 세상은 난잡하게 다투기에
구름과 안개가 흩날려 낮마저 어두워지려 하네.

愛日精誠任自量　朝朝灑掃養親場
格物致知憐志固　臨深履薄恐身傷
詩人語句蘭香密　情友論心玉色凉
勸君莫樂今時富　恰似浮雲永不長

남은 날을 아까워하는[146] 정성으로 마음대로 스스로 헤아리며
아침마다 어버이를 봉양하느라 물 뿌리고 청소하네.
격물치지[147]는 뜻의 견고함을 아낌이요
임심이박[148]은 몸의 손상을 두려워함이네.
시인의 말과 구절에는 난초 향기가 빽빽하고
정겨운 벗의 마음을 논함에는 옥 색깔이 서늘하네.
그대에게 권하노니 지금의 부유함을 즐기지 마라.
마치 뜬구름과 같아서 영원히 가지는 않으니.

---

146) 애일愛日은 부모를 모실 날이 얼마 남지 않았음을 애석하게 여기는 것으로 '부모가 계실 때 효성을 다하고자 한다'라는 의미이다.

147) 격물치지格物致知는 사물의 이치를 규명하여 지혜를 함양한다는 의미이다.

148) 임심이박臨深履薄은 '여림심연如臨深淵 여리박빙如履薄氷'의 준말. 마치 깊은 못 가에 임한 듯하고 살얼음을 밟듯 하는 것으로 행실을 신중히 함을 가리킨다. 『시경詩經』「소아小雅·소민小旻」에 나오는 말이다.

明明斯道潔無量　　只恨時時未入場
踏義行善觀志篤　　違眞失本見心傷
和風拂拂花生繡　　膏雨紛紛麥動涼
夜靜月朗山又寂　　自情脉脉與書長

유가의 진리[149]는 깨끗하기 그지없는데
다만 때때로 그 영역에 못 들어감을 한탄하네.
의리를 실천하고 선을 행하는 데서 의지의 두터움을 살피고
진실에 어긋나고 근본을 잃는 데서 마음의 상처를 보네.
온화한 바람이 불어대면 꽃은 비단 무늬를 만들고
단비[150]가 어지럽게 날리면 보리는 찬 기운이 움직이네.
밤은 고요하고 달빛은 밝으며 산도 평온하니
스스로의 정감으로 이어지는 편지가 길어지네.

---

149) 사도斯道는 '이 도道'라는 뜻으로 유가儒家의 가르침[儒道 · 儒敎 · 道理]을 가리킨다.
150) 고우膏雨는 적절한 때에 내리는 비, 곧 단비를 뜻한다.

孰論山裡無眞業　　王土勤耕盡忠場
芳草春園多酒醉　　桃花流水恐塵傷
隱士庭前風澹泊　　閑人窓外雨寒涼
一洗煩情深席坐　　回燈夜讀興長長

누가 산속에 참된 일이 없다고 논하는가?
나라의 땅[151]에서 부지런히 농사 지음이 충성을 다하는 것이네.
싱그러운 풀이 돋은 봄 뜰에는 술 취하는 일이 많고
복사꽃이 흐르는 물은 속세의 티끌로 더러워질까 두렵네.
은거하는 선비의 뜰 앞에는 바람이 담담하고
한가한 사람의 창문 밖에는 비가 싸늘하네.
번거로운 감정을 씻고 자리에 깊숙하게 앉아
등불을 다시 켜고 밤에 글을 읽으니 흥취가 길어지네.

---

151) 왕토王土는 왕에게 소속된 땅, 곧 나라의 땅이다.

背山抱水搆茅屋　　獨愛庭梅不出場
立志修身多本色　　斷私循理有何傷
野景蒼茫當戶落　　林泉澹泊灑襟凉
紛紛何處風塵遠　　讀易深窓興味長

산을 등지고 물을 감싸 안는 곳에 띳집을 얽어 놓고
뜰의 매화가 마당 밖으로 나가지 않음을 홀로 아끼네.
뜻을 세우고 몸을 수양하니 본래의 특색이 많지만
사욕을 끊고 이치를 따르니 무슨 손해가 있는가?
아득한 들판의 경치가 지게문에 와서 떨어지고
담백한 숲과 시내가 가슴속을 서늘하게 씻어 주네.
어지러움 속에 어디가 풍진과 먼 곳인가?
창 옆에서 『주역』을 읽노라니 흥미가 길어지네.

無窮造化這中量　　萬紫千紅繡此場
若使怠慢少無學　　必是喟然老有傷
雨後幽幽山色厚　　風端潔潔水聲凉
誰識玆窓眞味足　　日尋聖籍興長長

무궁한 조화를 이 가운데서 헤아리노라니
울긋불긋한 많은 꽃들이 마당을 수놓네.
만약 태만하여 젊은 시절에 배움이 없으면
반드시 탄식하여 늘그막에 슬퍼함이 있으리라.
비 온 뒤에 그윽한 산색이 짙어지고
바람이 막 불자 깨끗한 물소리가 서늘해지네.
누가 이 창에 참된 맛이 넉넉함을 아는가?
날마다 성인의 저술을 찾으니 흥미가 길어지네.

天理自然莫測量　　愛雲執杖踏高場
可喜悠悠心有得　　難言咄咄世多傷
幽幽月色窓間照　　潔潔溪流枕下凉
寂寂智藏圈子內　　和風肯得物生長

하늘의 이치는 자연스럽고 헤아릴 수 없어
구름을 사랑하여 지팡이 잡고 높은 곳을 밟네.
마음에 얻음이 있음을 느긋하게 기뻐할 만하지만
세상에 상처가 많음을 한탄스레 말하기 어렵네.
그윽한 달빛은 창 사이를 비추고
깨끗한 시냇물은 침실 아래에 서늘하네.
지혜는 쓸쓸하게 테두리 안에 숨어 있지만
온화한 바람에 기꺼이 사물이 생장할 수 있네.

勸君勿舍眞誠意　　修道修身在此場
力强年富能無學　　體¹⁵²⁾弱氣衰必有傷
堪嘆俗事全歸外　　可笑世情半就凉
不勝豪興步溪畔　　鷰子聲中春日長

그대에게 권하노니 참된 정성을 버리지 마시라.
도를 닦고 몸을 수양함이 이곳에 있네.
힘이 세고 나이가 젊다고¹⁵³⁾ 배우지 않아도 되는가?
몸이 약하고 기력이 쇠하면 반드시 슬퍼함이 있으리.
모두 남의 탓으로 돌리는 세속의 일을 탄식할 만하고
반쯤 싸늘해진 세상의 물정을 웃을 만 하네.
호쾌한 흥치를 이기지 못하여 시냇가를 걷노라니
제비 울음소리 속에 봄날이 길어지네.

---

152) 초고草稿에는 '기己'자를 '체體'자로 수정해 놓았다.
153) 역강연부力强年富은 힘이 세고 앞으로 살아갈 햇수가 많다는 의미. 힘이 세고
　　 나이가 젊다는 표현이다. 연부역강年富力强이라고도 한다.

新將幽興坐倚樓　終夜水聲入戶流
養心玆處多閑事　讀易深窓送世愁
蕭蕭林末風聲亂　寂寂松深鶴夢悠
學而誠習以從道　必見他時別有¹⁵⁴⁾收

새로 그윽한 흥취가 일어 누각에 기대어 앉으니
밤새도록 물소리가 지게문으로 들어와 흐르네.
심성을 수양하는 이곳에는 한가로운 일이 많고
『주역』을 읽는 깊숙한 창에서 세속의 수심을 전송하네.
쓸쓸한 숲 끝에 바람 소리 요란하고
고요한 솔숲 깊은 곳에 학의 꿈이 느긋하네.
배우고 정성껏 익혀서¹⁵⁵⁾ 도리를 따르면
뒷날 반드시 특별히 거둘 것이 있으리.

---

154) 초고草稿에는 '호의好意'를 '별유別有'로 수정해 놓았다.
155) 학의성습學而誠習은 배우고 정성껏 익히는 것으로 열심히 배운 뒤 복습한다는
　　의미이다. 이 구절은 『논어論語』 「학이學而」편의 "배우고 때때로 익히면 또한
　　기쁘지 않은가(學而時習之不亦說乎)?"라는 공자의 말을 변용한 것이다.

心遊這裡覓眞天　格物致知未覺前
每常負笈尋山路　時是抱琴過水邊
高興陶陶隨夜月　詩情脉脉絶塵烟
諸君勿取世間業　不若修身坐邃筵

마음이 이 속에 노닐며 참된 천성을 찾은 것은

격물치지[156]를 깨닫기 이전의 일이네.

늘 책궤를 메고 산길을 찾고

때로는 거문고를 안고 물가를 지나네.

고상한 흥취가 도도하여 밤에 달을 따르고

시의 정취가 끊임없어 속세의 기운이 끊어지네.

그대들은 세간의 일을 취하지 마라.

몸을 수양하여 깊숙한 자리에 앉느니만 못하네.

---

156) 격물치지格物致知는 사물의 이치를 규명하여 지혜를 함양한다는 의미이다.

不知何處實眞天　　窮理反身未覺前
讀後新情尋樹裡　　吟餘豪興步溪邊
林深地僻風過戶　　日暮雨晴鳥度烟
何是世間多異說　　收心修己坐茅筵

참된 천성이 어디에 있는 줄 몰랐던 것은
이치를 궁구하고 자신을 돌아보아 깨닫기 이전의 일이네.
글 읽은 뒤의 새로운 정취로 숲속을 찾고
시를 읊은 뒤의 호탕한 흥취로 시냇가를 거니네.
숲이 깊고 땅이 궁벽하니 바람이 지게문을 지나고
날 저물고 비가 개니 새가 연기 속을 건너네.
어찌하여 이 세상에는 다른 말들이 많은가?
띠를 깐 자리에 앉아 마음을 수습하고 몸을 수양하네.

無聲無體是靈天　　赤白靑黃畵檻前
月色長沉深戶裡　　鳥聲常在遠林邊
修身寒士坐深樹　　短髮漁郎釣夕烟
紛紛何處尋眞道　　禮習詩誦是好筵

소리가 없고 형체가 없음이 곧 천지의 신령함이니
붉고 희고 푸르고 노란색으로 난간 앞에 그림을 그리네.
달빛은 오랜 기간 깊은 지게문 속으로 사라지는데
새소리는 늘 먼 숲의 언저리에 머무네.
몸을 수양하는 한미한 선비는 깊은 숲에 앉아 있는데
머리털이 짧은 어부는 저녁연기 속에서 낚시하네.
어지러움 속 어디에서 참된 도리를 찾을까?
예법을 익히고 시를 외니 곧 좋은 자리로구나.

風靜月明夜又深　自情脉脉與興浸
鳥爲幽人常啼樹　水將眞性自通林
每每看書回古志　時時察理保精心
茹蔬啖糗猶安樂　吾修吾道有誰禁

바람 자고 달 밝으며 밤이 또 깊은데
스스로의 정취가 끊임없어 흥취에 푹 잠기네.
새는 숨어 사는 사람을 위해 늘 나무에서 울고
물은 참된 품성으로 스스로 숲을 통과하네.
날마다 글을 보아 옛사람의 뜻을 되돌아보고
때때로 이치를 살펴 정밀한 마음을 보존하네.
푸성귀를 먹고 볶은 쌀을 먹어도 오히려 안락하거늘
내가 나의 도를 닦는 것을 누가 금하겠는가?

松竹深園起小亭　　或樵或讀或過汀
眞朋談討煩塵退　　潔澗幽閑醉夢醒
人心到處風聲亂　　雪色晴窓月影盈
闃寂靑山相別路　　勸君莫作未歸形

소나무와 대나무가 깊은 동산에 작은 정자를 세우고
간혹 나무를 하고 글을 읽거나 물가를 지나가네.
참된 벗과 대화하고 토론하니 번거로운 티끌¹⁵⁷⁾이 물러나고
깨끗한 계곡물이 깊고 한가로우니 취한 꿈이 깨네.
사람의 마음은 곳곳에서 바람 소리가 요란한데
백설의 색깔은 갠 창에 달그림자를 채우네.
쓸쓸히 서로 이별하는 푸른 산속 길에서
그대에게 권하노니 돌아가지 못한 모습을 짓지 마시라.

---

157) 번진煩塵은 속세의 번거로운 티끌로 번뇌를 의미한다.

鱝游淨澤水盈盈　浴滌曺心若鏡明
陽存這處惟天事　雷作當頭振大聲
盡心愛日奉親老　竭力宜時養氣精
豈求眞道非斯學　化育窮神只在誠

물고기가 헤엄치는 맑은 못에 물이 가득한데
가슴속의 생각을 씻어내니 거울처럼 환하네.
이곳에 양陽이 있으니 하늘의 일을 생각하고
머리맡에 번개가 치니 큰 소리가 진동하네.
마음껏 남은 날을 아까워하며158) 늙은 어버이를 봉양하고
힘껏 시절을 옳게 여기며 정밀한 기운을 기르네.
어찌 참된 도리를 유학159)이 아닌 데서 구하겠는가?
변화와 육성160)을 궁리하는 정신은 다만 정성에 있네.

---

158) 애일愛日은 부모를 모실 날이 얼마 남지 않았음을 애석하게 여기는 것으로 '부
　　모가 살아 계실 때 효성을 다하고자 한다'라는 의미이다.
159) 사학斯學은 '이 학문學問'이라는 뜻으로 유가儒家의 가르침[儒道·儒敎·道理]을 배
　　우는 것을 말한다.
160) 화육化育은 변화와 육성으로, 천지자연의 이치로 만물이 변화하고 자라나는 것
　　을 뜻한다.

蒼松靜裡起書樓　　缺世腥塵入不流
嗜風吹動雲騰樹　　霏雪覆深鳥縮頭
惟篤信忠修本性　　且先孝敬除他愁
或耕或釣心神穩　　詩興頻回月滿洲

고요한 푸른 솔숲 속에 글 읽는 다락을 세우니
일그러진 세상의 비린 먼지[161]가 흘러 들어오지 못하네.
부드러운 바람이 불어와 요동치니 구름은 숲 위로 올라가고
내리는 눈이 깊이 덮으니 새가 머리를 움츠리네.
오직 믿음과 충심을 두터이 하여 본성을 수양하고
또 효도와 공경을 우선하여 다른 근심을 없애네.
간혹 밭 갈고 낚시하여 마음이 안온해지면
시의 흥취가 일어 달빛 가득한 물가로 자주 돌아오네.

---

161) 성진腥塵은 '비린 먼지'라는 의미로 전쟁이나 어지러운 세상을 비유적으로 표현한 말이다.

薄澣絺綌坐樓遲　　心目皆清仙化疑
行道莫如先立志　　敬身勿忘後無悲
平生至樂惟尋理　　早歲眞工不失時
誘民干祿非吾願　　欲此周南誦古詩

잠깐 갈옷을 빨고 누대에 앉는 게 더디지만
마음과 눈이 모두 맑아져서 신선이 된 듯하네.
도리를 실행함에 먼저 뜻을 세우는 것보다 앞서는 것은 없고
몸의 공경은 나중에 슬퍼함이 없도록 게으르지 말아야 하네.
평생의 지극한 즐거움은 오직 이치를 찾는 것이요
젊은 나이의 참된 공부는 때를 놓치지 않는 것이네.
백성에게 녹봉을 구하라고[162] 권함은 나의 바람이 아니니
이에 「주남」[163]의 옛 시를 외려고 하네.

---

162) 간록干祿은 녹봉祿俸을 구하는 것으로 '벼슬에 나아가는 것[仕宦]'을 뜻한다.
163) 「주남周南」은 『시경詩經』 국풍國風의 하나로 주周나라 문왕文王의 훌륭한 교화와
　　그 후비后妃인 태사太姒의 덕을 노래한 시편이 많이 수록되어 있다.

易讀晴窓白日遲　　天斯於我或私疑
近思已篤靑年志　　博學豫防到老悲
括目當書惟究理　　實心行道以俟時
轉眄世間無所事　　載奔衡宇又論詩

『주역』을 읽는 갠 창에 한낮이 더딘데
이에 하늘이 나에게 혹시 사사롭지 않은가 의심하네.
가까운 데서 생각하여 이미 청년의 뜻을 두터이 하였고
널리 배워서 미리 늘그막의 비애를 막으려 하네.
눈을 비비고 글을 읽어서 오직 이치를 궁구하고
참된 마음으로 도리를 실행하여 때를 기다리네.
세간에 눈길을 돌려도 일삼을 게 없으니
이에 오두막집으로 달려가[164] 또 시를 논하네.

---

164) 재분형우載奔衡宇는 오두막집으로 달려간다는 의미로 자기의 누추한 집으로 돌
　　아가는 것을 말한다. 도연명(陶淵明, 대략 365-427)의 「귀거래사歸去來辭」에 나
　　오는 "이에 오두막집을 바라보며 기쁜 마음으로 달려간다[乃瞻衡宇, 載欣載奔]."라
　　는 대목을 변용한 것이다.

遺世閑情擊鼓鳴　更歡他俗不侵生
古里雨添多景色　寒流石急動雷聲
軒窓納日心隨隱　洞口無風水自明
受天厥德人皆有　盡力放勳天下平

세상을 벗어난 한가로운 정취로 북을 쳐서 울리고
또 다른 풍속이 삶에 침범하지 않음을 기뻐하네.
옛 마을에 비가 더해지니 풍경 색깔이 많아지고
차가운 물줄기가 돌에 급하게 부딪치니 천둥소리가 울리네.
처마 창에 햇살이 들어오니 마음은 따라서 안온하고
골짜기 입구에 바람이 자니 물은 절로 환해지네.
하늘로부터 받은 그 은덕을 사람들이 모두 가지고 있거늘
요임금[165]의 천하처럼 태평하도록 어찌 노력하지 않는가?

---

165) 방훈放勳은 요堯 임금의 이름이다.

嚴然製載理明天　藥紫葉靑畵檻前
惟愛脈泉通石裡　且歡靈蓍覃墻邊
萬國平謀求聖籍　一身生計付江烟
回看此世無眞業　獨把琴書坐邃筵

엄연히 만들어져 운행하는 이치가 천지에 밝으니
꽃술은 붉고 잎은 푸르게 난간 앞에 그림을 그리네.
오직 이어진 샘물이 돌 속에서 통함을 사랑하고
또 신령한 시초[166]가 담장 가로 벋음을 기뻐하네.
만국의 평화를 위한 계책은 성인의 저술에서 구하고
한 몸의 살아갈 계획은 강가의 연기에 부쳐 두네.
이 세상을 돌아보아도 참된 사업이 없으니
홀로 거문고와 책을 잡고 깊숙한 자리에 앉네.

---

166) 시초蓍草는 신령한 풀의 이름. 처음 싹이 돋을 때부터 50개의 잎이 똑같이 나와
　　자란다고 한다.

峰回路轉俗言遲　厥土上中貢賦思
松石荒林僧侶道　水風靜榻士人碁
百歲仁程修此地　一生孝業任他時
不厭飢寒勤實學　爾今先卜老無悲

봉우리를 둘러서 도는 길이 속된 말로 더딘데
그 땅의 위와 중간에서 공물과 세금[167]을 생각하네.
솔과 돌로 이루어진 거친 숲은 승려의 도량이요
물과 바람이 있는 고요한 탑상은 선비의 바둑판이네.
백 년의 어짊을 닦는 과정은 이곳에서 수양하지만
한평생의 효도의 과업은 뒷날에 맡기네.
굶주림과 추위를 마다 않고 실제의 학문에 부지런하여
네가 지금 먼저 차지하면 늘그막에 슬퍼함이 없으리.

---

167) 공부貢賦는 나라에 바치던 물건과 세금으로 전세田稅와 공물貢物이다.

物物生胎一理藏　　隨時變易產形芳
靜夜村容通月白　　滿潭水色接天蒼
潛心索道無聲處　　括目尋機有顯場
夙夜惟寅淸興足　　爾謀靡日不能長

사물마다 출생의 바탕에는 한 가지 이치가 숨어 있으니
때에 따라 변하지만 태어난 형체가 향기롭다는 것이네.
고요한 밤의 마을 모습은 달빛을 받아 희고
가득한 못의 물 색깔은 하늘에 닿아 푸르네.
소리 없는 곳에서 깊이 생각하여[168] 도리를 찾고
드러난 곳에서 눈을 비벼서 기틀을 찾네.
아침부터 밤중까지 오직 인시[169]에 맑은 흥취가 넉넉하니
너의 계책이 성장하지 않는 날이 없으리.

---

168) 잠심潛心은 마음을 가라앉혀 깊이 생각하는 것을 말한다.
169) 인시寅時는 새벽 3시에서 5시 사이로 이른 아침을 뜻한다.

黃茅覆屋竹爲戶　　且喜庭蘭濕露芳
憐斯呈彩銀河耿　　愛是無風潭水蒼
起居循理學文處　　進退中規習禮場
惟玆莫恃君年富　　恰似風磴歲不長

누런 띠 풀로 지붕을 덮고 대나무로 지게문을 삼으며

또 뜰의 난초가 이슬에 젖어 향긋함을 기뻐하네.

여기에 광채가 더해져서 반짝이는 은하수를 어여삐 여기고

이곳에 바람이 자면 푸른 못물을 사랑하네.

기거하며 이치에 따라 글을 배우고

나아가고 물러가는 속에서 규범에 맞게 예법을 익히네.

오직 여기에서 그대의 나이가 젊음[170]을 믿지 마시라.

마치 풍등[171]이 긴 시간을 견디지 못하는 것과 같네.

---

170) 연부年富는 앞으로 살아갈 햇수가 많다는 의미. 나이가 젊다는 의미이다.

171) 풍등風磴은 '바위산의 비탈진 언덕길' 이나 '개울의 돌다리' 를 말한다.

七月光風蕭颯天　砭人肌骨卽其然
靈鳥回翔歸岦屹　鳴蟲隨倏入書筵
瑤池日照蓮花發　芝谷雲深鹿子眠
水土平時能事畢　何多咄咄異聲連

초가을[172]의 햇볕과 바람에 날씨가 상쾌하여
곧 사람의 살갗과 뼈에 침을 놓는 것 같네.
신령한 새는 되돌아 날아서 험한 봉우리로 돌아가고
우는 벌레는 빛을 따라서 글 읽는 자리로 들어오네.
옥 같은 못에 햇살이 비치니 연꽃이 피고
영지가 나는 골짜기에 구름이 깊으니 사슴이 잠자네.
물과 흙이 평온한 때에 일을 마칠 수 있는데도
어찌하여 쯧쯧 하며 탄식하는 이상한 소리가 이어지는가?

---

172) (음력) 칠월七月은 초가을을 뜻한다.

幻風缺世處身何　　厥土勤耕供賦佳
滿案琴書同志樂　　隔窓秋水洗心多
怒氣噴風花自墜　　傷聲觸木葉相磨
澄澄潔潔聖人道　　着眼鏤膺不惑他

세상을 일그러뜨리는 괴상한 풍조에 처신이 어떠한가?
그 땅에서 부지런히 농사지어 세금을 내는 게 좋으리.
책상에 가득한 거문고와 책에서 뜻이 같음을 즐거워하고
창 너머의 가을 물에 마음을 씻는 일이 많아지네.
노한 기운이 바람을 뿜어대니 꽃은 절로 떨어지고
슬픈 소리가 나무에 부딪히니 잎이 서로 갈아대네.
맑고 깨끗한 것이 성인의 도리이니
착안하여 가슴에 새기면 다른 것에 미혹되지 않으리.

蓬岑欲上路迷何　　伐木丁丁午景佳
爲送煩愁斟酒數　　要知眞道讀書多
山缶寥寥藏色美　　泉流灪灪送聲磨
克明俊德儒生趣　　無怠無荒無役他

봉래산[173]을 오르고 싶지만 길이 분명치 않으니 어찌하는가?

쩡쩡하며 나무 베는 소리[174]에 한낮 경치가 아름답네.

번잡한 시름을 떠나보내려 술을 마시고

참된 도리를 알고 싶어서 글을 많이 읽네.

산의 오목한 곳은 쓸쓸히 아름다운 색깔을 감추고

시내의 물줄기는 콸콸거리며 갈아대는 소리를 보내오네.

높은 덕을 능히 밝힘은 유생의 취향이니

게으르지 말고 거칠지 말며 남을 부리지 말아야 하네.

---

173) 봉래산蓬萊山에는 ①여름의 금강산을 부르는 명칭, ②신선이 산다는 전설 속의 산으로 삼신산三神山의 하나 등의 의미가 있다. 한편 봉래산蓬萊山, 방장산方丈山, 영주산瀛洲山을 삼신산이라 한다.

174) 벌목정정伐木丁丁은 나무 베는 소리가 쩡쩡 울리는 것으로 친구를 구하는 것을 비유적으로 표현한 말이다. 『시경詩經』「소아小雅·벌목伐木」에 "나무 베는 소리가 쩡쩡 울리고, 새들은 재잘재잘 우네. 깊은 골짜기에서 나와, 큰 나무로 옮겨 가네[伐木丁丁, 鳥鳴嚶嚶. 出自幽谷, 遷于喬木]."라는 구절이 있다.

陽少乾坤風雨昏　　欲將周南在山村
閑尋物理見心性　　仰察天文入道門
讀易眞工成玉盞　　養仙閑樂任桃園
集氣存誠君子事　　自初矢絶異言喧

양기가 적어 천지에 비바람이 어둑하니
「주남」175)을 가지고 산촌에 머물고 싶네.
한가로이 사물의 이치를 찾아 심성을 살피고
우러러 천문을 살펴 도덕의 문으로 들어가네.
『주역』을 읽는 참된 공부로 옥 술잔을 완성하고
선선의 도를 배양하는 한가한 즐거움으로 복숭아밭을 맡네.
기를 모으고 정성을 보존함은 군자의 일이니
처음부터 시끄러운 다른 소리를 막자고 맹세하네.

---

175) 「주남周南」은 『시경詩經』 국풍國風의 하나. 주周나라 문왕文王의 교화와 그 후비
后妃인 태사太姒의 덕을 노래한 시를 많이 수록하고 있다.

水淸石潔土肥臺　　夜夜黃犺備賊來
沸登精氣千林靜　　打作雷聲萬物開
惟窮實理充其性　　爲送煩愁酌孤盃
太陽照臨耕氓地　　宜此大農獨覺回

물이 맑고 돌이 깨끗한 곳에 흙 돈대가 두터운데
밤마다 누런 삽살개가 오는 도적을 방비하네.
끓어오르는 정밀한 기운에 수많은 숲이 고요하고
타작하는 천둥소리에 온갖 사물이 피어나네.
오직 실제 이치를 궁구하여 그 품성을 채우고
번잡한 시름을 떠나보내려 외로이 술잔을 따르네.
태양이 밭 가는 백성의 땅을 비추니
마땅히 이 큰 농부는 홀로 깨달음을 회복하네.

南山幽壑一筇尋　　灌木萋萋鳥夢深
飽吟烟月多生計　　濃讀詩書見性心
浴水精神雲致雨　　採山閑樂蓍成林
以禮節之惟我業　　且歎松竹不霜侵

남쪽 산의 깊은 골짜기를 지팡이 하나로 찾으니

무성한 관목에는 새의 꿈이 깊네.

안개와 달을 실컷 읊조림은 여러 생生[176]의 계획이요

『시경』과 『서경』을 정밀하게 읽음은 천성을 깨닫는[177] 마음이네.

물로 몸을 씻으려는 정신은 구름에서 비를 내리게 하고

산에서 채취하는 한가로운 즐거움은 시초[178] 숲을 이루네.

예법으로써 조절하는 것이 나의 일인데

또 소나무와 대나무가 서리에 침범당하지 않음에 감탄하네.

---

176) 다생多生은 천상, 인간, 아수라, 축생, 아귀, 지옥 등 육도六道를 윤회하며 받은
　　수많은 생을 의미한다.

177) 견성見性은 근원적인 본성을 깨닫는 것을 말한다.

178) 시초蓍草는 신령한 풀의 이름. 처음 싹이 돋을 때부터 50개의 잎이 똑같이 나와
　　자란다고 한다.

斧刀堅執伐氷寒　　自致中和別道看
情無回惑思能聖　　心不飽私夢亦安
遺世眞工尋古籍　　脫塵亢趣上高欄
精一存雖非易事　　敬誠極處有何難

도끼와 칼을 굳게 잡고 찬 얼음을 캐는데[179]
스스로 중화[180]에 이르는 것을 별도로 살피네.
뜻에 미혹이 없어야 성인을 생각할 수 있고
마음에 사욕이 가득하지 않아야 꿈도 편안하네.
세상을 떠난 참된 공부로 옛 서적을 찾고
속세를 벗어난 굳센 취향으로 높은 난간을 오르네.
정일[181]을 지님이 비록 쉬운 일은 아니지만
공경과 정성이 지극한 곳에 무슨 어려움이 있겠는가?

---

179) 벌빙伐氷은 얼음을 캐는 것을 말한다. 고대古代 시기 초상初喪과 제사에서 얼음을 쓴 집안은 경卿·대부大夫 이상의 귀족이었다. 벌빙은 귀족의 특권을 의미하기도 한다.

180) 중화中和는 치우치지 않고 지나침과 모자람이 없는 것 또는 그런 성정性情을 말한다.

181) 정일精一은 정일집중精一執中의 준말로 순수한 일념으로 중도中道를 지키는 것을 가리킨다.

清澗絺綌碧松溪　自興幽幽古籍提
綠竹深源靈鳳睡　狂風末路黑猿啼
善人遺跡花開暢　惡鑵滿機霜落凄
越山渡水今勤學　從此卜知達這迷

굵고 가는 갈포葛布를 푸른 솔숲의 시내에서 깨끗이 빨고
스스로 흥취가 느긋하여 옛 서적을 손에 잡네.
푸른 대숲의 수원이 깊은 곳에 신령한 봉황이 잠자고
미친 듯 부는 바람의 끝 길에 검은 원숭이가 우네.
착한 사람의 남은 자취는 핀 꽃인 양 화창한데
나쁜 두레박의 가득한 기심182)은 내린 서리처럼 처량하네.
산 넘고 물 건너서 이제 부지런히 배우니
이제부터 이 혼미함에 도달한 것을 점쳐서 알겠네.

---

182) 기심機心은 간교하게 속이거나 책략을 꾸미는 마음이다.

南山一奧結茅居　　酌彼金罍興有餘
澄神極究陰陽理　　括目詳看造化書
欲覺眞源臨澗水　　且將仙趣養鱄魚
無怠無荒君子業　　愼終如始不馳虛

남쪽의 산 구석에 띳집을 짓고 살면서
저 금 술잔으로 술을 마시니 흥취가 넘치네.
정신을 맑게 하여 음양의 이치를 철저히 궁구하고
눈을 비비고 조화의 서적을 자세히 살피네.
참된 근원을 깨달으려고 계곡물에 나아가고
또 신선의 취향으로 동자개를 기르네.
군자의 일은 게으르거나 거칠어지면 아니 되니
처음처럼 마무리를 삼가서[183] 공허로 치닫지 않게 하네.

---

183) 신종愼終은 일의 끝을 삼가 미치지 못하는 점이 없도록 하는 것을 말한다.

莫說桃園未見陽　仁根脉脉這中芳
無限風光關道亂　不平世事屬心茫
椒酒醉因頻步月　琴書味重每尋床
一團淸興誰同發　時執竿絲水畔行

복숭아밭에서 태양을 보지 못한다고 말하지 마라.
어짊의 뿌리가 끊임없이 이 가운데서 향기롭네.
한없는 풍광은 도리와 관련하여 어지러운데
공평하지 못한 세상사는 마음에 붙어서 아득하네.
초주184)에 취하여 자주 달빛 속에서 거닐고
거문고와 글의 맛이 소중하여 늘 책상을 찾네.
한 덩어리의 맑은 흥치를 누구와 함께 드러내는가?
때때로 낚싯대와 줄을 잡고 물가로 나아가네.

---

184) 초주椒酒는 산초 열매[분디]를 넣어 빚은 술. 제사나 정초에 세배할 때 올린다.

人性太初靡不明　　何關外物失眞生
擇處仁隣修子職　　釣歸南浦悅親情
我爲當座鍊全趣　　誰送深山伐木聲
事理重重雖萬緖　　敬誠他日一貫平

인성은 태초부터 밝지 않음이 없거늘
바깥의 사물에 참다운 본성을 잃어버리는 일과 관련이 있겠는가?
어진 이웃을 가려 거처함은 자식의 직분을 닦음이요
남쪽 포구로 낚시하러 돌아감은 어버이의 뜻을 기쁘게 함이네.
내가 자리에 앉음은 온전한 취향을 단련하고자 함인데
누가 깊은 산에서 나무 베는 소리를 보내는가?
겹친 일의 이치에는 비록 단서가 많지만
공경과 정성으로 일관하면 뒷날이 평안해지리.

覆茅圍竹士人樓　　缺世腥塵入不流
牽猹寬趣行山裡　　脫俗眞情坐石頭
新月揚明詩興發　　鳴泉增潔道心幽
何必區區營富祿　　生平寶業卷中求

띠로 지붕을 덮고 대나무가 둘러싼 선비의 누대에는
세상을 일그러뜨리는 비린 먼지[185]가 흘러들지 못하네.
삽살개를 이끄는 너그러운 취향으로 산속을 다니고
속세를 벗어난 참된 정취로 돌에 앉네.
초승달이 밝은 빛을 드날리니 시의 흥취가 피어나고
우는 샘물이 깨끗함을 더하니 도의 마음이 그윽하네.
어찌 반드시 구차스럽게 부유한 녹봉을 차지하겠는가?
평소에 보배로운 일을 책 가운데에서 구하네.

---

185) 성진腥塵은 '비린 먼지'라는 의미로 전쟁이나 어지러운 세상을 비유적으로 표현한 말이다.

讀書未竟夜還深　　適值良朋話月林
石急溪流成電走　　村回鹿子步庭音
且憐活水多眞趣　　最愛靑山不動心
斯道實非高且¹⁸⁶⁾遠 可矜騷客未能尋

글 읽기를 못 마쳤어도 밤은 문득 깊은데

마침 좋은 친구를 만나 달빛 비치는 숲에서 대화하네.

바위에 급하게 부딪히는 시냇물은 번개처럼 달리고

마을로 돌아온 사슴은 뜰을 거닐며 소리를 내네.

생동하는 물[187]의 많은 참된 취향을 또 아끼고

푸른 산의 움직이지 않는 마음을 가장 사랑하네.

유가의 가르침[188]이 진정으로 고상하고 심원하지는 않지만

찾지 못하는 시인[189]은 불쌍히 여길 만하네.

---

186) 초고草稿에는 '우又'자를 '차且'자로 수정해 놓았다.

187) 활수活水는 땅속에서 콸콸 쏟아져 나와 흘러가는, 생동하는 물을 말한다. 송宋
의 유학자 주희(朱熹, 1130-1200)는 「관서유감觀書有感」에서 "반묘半畝의 네모
진 못에 거울 하나가 열리니, 구름 그림자와 하늘빛이 서로 어울려 배회하네.
묻노니 어떻게 하면 저처럼 맑은가? 근원의 샘물 콸콸 쏟아져 내리기 때문이네
[半畝方塘一鑑開, 天光雲影共徘徊. 問渠那得淸如許, 爲有源頭活水來]."라고 읊었다.

---

188) 사도斯道는 '이 도道'라는 뜻으로 유가儒家의 가르침[儒道ㆍ儒教ㆍ道理]을 가리킨다.
189) 소객騷客은 소인騷人, 즉 시인을 뜻한다.

온계시초溫溪詩抄

蓬岑欲上路還深　載執斧刀伐棘林
朝遊栗圃咏淸景　暮讀琴書奏快音
非常富貴旣無志　有實聲言¹⁹⁰⁾卽刻心
已識斯門眞趣足　並肩諸友日相尋

봉래산을 오르려고 하다가 길이 도리어 깊어
이에 도끼와 칼을 잡고 가시나무 숲을 베어내네.
아침에는 밤나무 숲에 노닐며 맑은 경치를 읊고
저녁에는 거문고 책을 읽으며 경쾌한 음악을 연주한다.
일상이 아닌 부귀에는 이미 뜻이 없는데
실속이 있는 소리는 곧 마음에 새기네.
이미 이 문하에 참된 취향이 넉넉함을 알아서
어깨를 나란히 하는 친구들과 날마다 서로 찾네.

---

190) 초고草稿에는 '음音'자를 '언言'자로 수정해 놓았다.

雄鷄喔喔破冥宵　　載闢南窓納日昭
爲潔心胷遊水碧　　欲修古道入山寥
許多孔聖垂眞教　　何用人間循利嬌
惟吾淸趣有誰識　　佩玉琤琤私辟消

수탉이 울어대어 어두운 하늘을 깨뜨리니
이에 남쪽 창을 열어 밝은 햇살을 받아들이네.
마음속을 깨끗이 하고자 푸른 물에서 노닐고
옛 도를 닦으려고 조용한 산으로 들어가네.
성인 공자가 남긴 참된 가르침이 얼마나 많은가?
인간 세상에서 추구하는 이익의 아름다움을 어떻게 할까?
다만 나의 맑은 취향을 아는 이가 누구인가?
쨍쨍 울리는 패옥 소리에 사사로운 허물이 사라지네.

實知吾業樂無限　　別有深懷日溯汀
斯學達時滄海碧　　此心全處遠山靑
進進水誠當海岸　　琤琤玉佩過函庭
支離風雨乾坤暗　　只恨區區不夢惺

실질을 아는 나의 일은 한없이 즐거운데

특별히 깊은 생각이 있어서 날마다 물가를 거슬러 오르네.

유가의 학문191)에 통달한 때에는 너른 바다가 파랗고

이 마음이 온전한 곳에는 먼 산이 푸르네.

자꾸 나아가는 물의 정성으로 바닷가에 다다르고

쨍쨍 울리는 옥을 차고 스승의 뜰192)을 지나가네.

지루한 비바람으로 천지가 어둑한데

다만 구차스러운 꿈에서 깨지 못함을 한탄하네.

---

191) 사학斯學은 '이 학문學問'이라는 뜻으로 유가儒家의 가르침[儒道·儒敎·道理]을 의미한다.

192) 함정函庭은 함장函丈의 뜰, 즉 스승의 뜰을 뜻한다. 함장은 선생이나 연장자가 앉는 자리를 말하며, 제자는 스승의 자리와 한 발[一丈]의 거리를 둔다는 것에서 유래되었다.

脉脉圈中一太陽　　隨時變化物生光
滿案眞書修己穩　　隔窓秋水洗心凉
豈爲咄咄下民虐　　只恐明明上眼蒼
風雨不驚惟我意　　擇隣必德共彷徨

끊임없는 테두리 중에서 태양 하나는
수시로 변화하여 사물을 빛나게 하네.
책상에 가득한 참된 글로 몸을 안온하게 수양하고
창 너머의 가을 물로 마음을 시원하게 씻네.
어찌 하층민의 모진 고생 때문에 혀를 차겠는가?
다만 눈에 보이는 푸른 하늘의 밝음을 두려워할 뿐이네.
오직 내 뜻만은 비바람에 놀라지 않으니
반드시 덕 있는 사람을 이웃으로 골라 함께 소요하네.

赫赫不暝一太陽　運行似健送新光
濃看山色心還靜　潔浴溪波意自凉
寂寂養生玆地僻　昭昭裁載理天蒼
縮首深山聾世事　琴書日日任彷徨

빛나서 어두워지지 않는 하나의 태양은
씩씩한 듯 운행하여 새 빛을 보내오네.
산의 색깔을 한참 바라보니 마음이 문득 고요해지고
시냇물에서 깨끗이 목욕하니 뜻이 절로 서늘해지네.
이 궁벽한 땅은 고요히 생명을 기르는데
정리된 푸른 하늘은 밝게 만물을 나누어 싣고 있네.
깊은 산에서 머리를 움츠려서 세상사에 귀를 막고
거문고와 글로 날마다 마음대로 어슬렁거리네.

斂踪幽地養源泉　　風雨世間獨是仙
誰無積善猶求福　　只有察機自作天
習禮閑情風舞雩　　讀書餘興浴沂邊
平生所業由何處　　入孝出恭又治田

냇물의 근원을 키우는 깊은 곳에 발자취를 머무니

비바람 치는 세상에서 홀로 신선이 되네.

누가 착한 일을 하지 않고 도리어 복을 구하는가?

다만 기미를 살핌이 있어야 절로 하늘이 되네.

예법을 익히는 한가한 정취로 무우에서 바람을 쏘이고

글을 읽는 뒤의 흥치興致로 기수 주변에서 목욕하네.[193]

평소에 일하는 바가 무엇에 연유하는가?

들어오면 효도하고 나가면 공손하며 또 농사를 짓네.

---

193) 욕기浴沂와 무우舞雩는 기수沂水에서 목욕하고 무우舞雩에서 바람 쐬는 것으로,
『논어論語』「선진先進」편의 다음 고사故事에서 유래된 말이다. 자로子路, 염구
冉求, 공서적公西赤, 증점曾點 등이 공자를 모시고 있었는데, 공자는 제자들에게
각각 뜻을 말해 보라고 했다. 자로, 염구, 공서적 등은 모두 정치에 대해 말했
다. 공자는 비파를 타고 있던 증점에게 '너도 말해 보라'고 했다. 증점은 비파

를 놓고 "저의 뜻은 저들과는 다릅니다. 늦은 봄, 봄옷이 만들어지면 갓을 쓴 어른 5-6명, 동자 6-7명과 함께 기수沂水에서 목욕하고 무우舞雩에서 바람을 쐬며 시를 읊고 돌아오겠습니다."라고 아뢰었다. 공자는 그의 뜻을 가상히 여겨 "나도 증점과 함께 하고자 한다."라고 말했다.

芳香馥馥得春樓　　獨坐閑吟退萬愁
情朋言裡雲生岊　　師弟談中花滿洲
移筇每每山騰處　　歸棹時時水順流
煩情一洗住茅屋　　日近親堂不遠遊

봄을 맞은 누대에는 싱그러운 향기가 넘실대는데
한가로이 읊으며 홀로 앉으니 온갖 시름이 물러나네.
정다운 벗과의 대화 속에 구름이 산봉우리에서 피어나고
사제 간의 담화 가운데 꽃이 물가에 가득하네.
날마다 지팡이를 움직여 산을 오르고
때때로 배를 돌이켜 물줄기에 순응하네.
띳집에 머물면서 번잡한 생각을 한번 씻고 싶지만
요즘에는 양친 댁이 가까워 멀리 노닐지 못하네.

潛心磨玉日新樓　　寂寂自無不穩愁
七情深察前功進　　五性勤修去路悠
世事昏昏山塞處　　道心脉脉水通洲
莫言此地無眞樂　　晝採夜書常樂遊

날마다 새 누대에서 마음을 가라앉혀 옥을 연마하니
고요함 속에 불온한 수심이 절로 없어지네.
칠정¹⁹⁴⁾을 깊이 살피니 앞으로 공력이 진전하고
오성¹⁹⁵⁾을 부지런히 수양하니 가는 길이 느긋하네.
산이 막고 있는 것 같아 세상사가 어둑한데
물이 섬으로 통하듯이 도덕심이 이어지네.
이 땅에 참된 즐거움이 없다고 말하지 마라.
낮에 채취하고 밤에 글 읽으며 늘 즐겁게 노니네.

---

194) 칠정七情은 사람이 가지고 있는 일곱 가지의 감정으로 희喜, 노怒, 애哀, 낙樂, 애愛, 오惡, 욕欲을 가리킨다.
195) 오성五性은 사람이 가지고 있는 다섯 가지 성정性情으로 희喜, 노怒, 욕欲, 구懼, 우憂를 가리킨다.

略述靜山德業

정산[196] 선생의 덕업을 간략히 기술하다

[略述靜山德業]

先生所爲業　止此不他遵
古道恒心索　無難天下均
勤誠修百畝　豊財實千囷
憤心泰發後　載得聰明六籍巡
心身偕洽洽　文質亦彬彬
思留這處　德被其隣
心無累于干祿　身不掛於隆紳
崇師還崇德　愛親亦愛民
爲送世愁斟酒數　欲興家道讀書頻
閑遊錫杖靑山裡　獨泝扁舟白水濱
實趣無關浮世祿　淸標不點一微塵
明目常遊籍　快心不憂貧
大哉先生業　有斯美玉珍

---

196) 정산靜山은 작자가 다닌 서당, 곧 경남 합천군 가야면 사촌리襄村里에 있던 서당
인 강성재講性齋의 훈장訓長으로 성은 한씨韓氏였다. 작자는 16살부터 3년 동안
이 서당에서 수학했다. 당시 학생 수는 약 30명이었다. 이 서당은 1960년대까
지 존속했다.

何須衒玉哉　待價自闇闇
孰知能採擇　慟嘆未其辰
終風飄蕩之際　實被吾生德教申
付驥之願　未達其垠
天何如此　惟可傷神
名爲斯學者　盍服實其親
實知先生德　乃爲君子人
歲何長寂寞　必有萬化春
終待其時世　豫成德器新

선생의 일삼은 바가
여기에 그치지만 남을 좇지는 않았네.
옛날의 도를 항상 마음속으로 찾아서
천하를 고르게 함에 어려움이 없었네.
부지런한 정성으로 100무197)의 전답을 경작하여
풍성한 재물이 실로 천 채의 창고에 가득하였네.
분발하는 마음을 크게 펼친 뒤로
총명을 얻어 여섯 경전198)을 두루 살폈네.

---

197) 무畝는 논밭 넓이의 단위. 1무는 한 단段의 1/10로 30평 정도의 넓이이다. 100
무는 3천 평의 전답을 의미한다.
198) 육적六籍은 육경六經으로 『주역周易』, 『서경書經』, 『시경詩經』, 『춘추春秋』, 『예
기禮記』, 『악기樂記』 등을 말한다.

마음과 몸이 함께 윤택하고
문체文體와 바탕[質]이 모두 아름다웠네.
생각은 이곳에 머물고
덕행은 그 이웃을 덮었네.
마음은 녹봉을 구함에 집착이 없고
몸은 많은 돈꿰미에 뜻을 두지 않았네.
스승을 숭상하고 또 덕을 숭상하며
어버이를 사랑하고 또 백성을 사랑하였네.
세상의 시름을 떠나보내려고 자주 술을 마시고
집안의 도리를 일으키려고 번번이 글을 읽었네.
한가로이 쇠 지팡이 짚고 푸른 산속에서 노닐고
홀로 조각배로 맑은 물가에서 물길을 거슬러 올랐네.
참된 취향은 부질없는 세상의 봉록에 관심이 없고
맑은 풍채는 작은 티끌 하나도 묻지 않았네.
밝은 눈은 늘 서적에서 노닐고
장쾌한 마음은 가난을 걱정하지 않았네.
위대하구나, 선생의 업적이여.
이에 아름다운 옥이 있었네.
어찌 반드시 옥을 팔아야 하는가?
장사꾼을 기다리며 스스로 온화하였네.
채택할 만함을 누가 알았겠는가?
그 날짜가 되지 않음을 슬프게 탄식하였네.

마침내 바람에 휩쓸려 떠도는 때에

참으로 우리에게 도덕적 교화를 펼쳐 베풀었네.

천리마의 꼬리에 붙어[199] 보려는 소원은

그 끝에 도달하지 못하였네.

하늘은 어찌하여 이와 같은가?

오직 마음이 상할 만하네.

명분이 유학[200]을 하는 사람이거늘

어찌하여 그 어버이를 알차게 하는 일을 하지 않았는가?

참으로 선생의 덕업을 알겠거니

곧 군자다운 사람이었네.

세월은 어찌하여 오래도록 적막한가?

반드시 모든 것을 변화시키는 봄이 있으리.

끝내 그때의 세상을 기다리면서

미리 도덕의 그릇을 새로 완성하여야겠네.

---

199) 부기附驥·附驥는 파리가 천리마千里馬인 기驥에 달라붙는 것으로, 훌륭한 인물에게 붙어 있으면 그 사람도 잘 됨을 뜻한다. 파리가 기驥의 꼬리에 붙어 있으면 그 파리도 천 리를 갈 수 있다는 것이다.

200) 사학斯學은 '이 학문學問'이라는 뜻으로 유가儒家의 학문[儒道·儒敎·道理]을 의미한다.

|해제 · 후기|

1. 『온계시초』 번역의 계기

　필자가 성파 스님을 처음 뵌 것은 2022년 11월 18일 오전 10시경이었다. 양산 통도사 서운암 위쪽 스님의 토굴에서 다도대학원을 운영하고 있는 지인 노성환 교수를 통해 한번 만나고 싶다는 전갈을 받은 까닭이었다. 그때 스님께서 출가 전인 소년 시절, 곧 16세에서 18세까지 약 3년 동안 고향 합천에서 서당 강성재講性齋에 다니며 쓴 한시들이 있다고 하시기에, 필자는 그것을 한번 보고 싶다고 요청하여 그 자리에서 정결한 펜글씨로 가득한 빛바랜 공책을 살펴 볼 수 있었다.

　그것은 스님이 출가 이전부터 자그마치 60여 년 동안을 소중히 간직해 온 비장의 기록이었다. 표지에 "溫溪 曹鳳周 詩抄(온계 조봉주 시초)"라는 일곱 글자가 선명하게 적혀 있고, 첫 장을 넘기면 "曹鳳周 溫溪詩抄(조봉주 온계시초)"라는 내제內題 밑에 작은 글씨로 "四二九一年 二月(4291년 2월)"이라는 단기 연월이 기록되어 있었다. 단기를 서기로 환산하니 1958년 2월이었다. 나중에 스님에게 문의하여 확인한 결과 이 날짜는 젊은 날 고향인 경남 합천군 야로면 창동倉洞 마을

239

에서 조금 떨어진, 가야면 사촌리襄村里의 서당에서 수학하던 시기에 지은 한시 두루마리를 보고 공책에 정서한 달이라는 것이었다. 따라서 이 시집에 수록된 한시의 대부분은 이때 한꺼번에 모아 기록한 것이었다.

성파스님의 출가 연도가 1960년이니, 이 초고본『시초』는 이미 그 2년 전인 1958년 2월, 나이로는 20세(만 19세) 되던 때에 펜으로 정서하여 놓은 초고본 시집으로, 그것을 갈무리한 지 무려 65년의 세월이 결과한 고물이자 보물이었다. 공책의 낱장을 넘기면서 헤아려 보니 대략 200여 수는 될 듯하였다. 필자는 일단 그 초고본 시초를 일별해 살펴보겠다고 스님에게 말씀드렸으나, 원본은 분실과 훼손의 우려가 있어 차후 그 복사본을 노성환 교수를 통해 전달받기로 하였다. 그 뒤 1주일 가량이 지나 15 x 20cm의 원본 공책을 A4지 크기로 확대 복사하여 스프링으로 제본한 새 공책을 전달받아『온계시초』의 형식과 내용을 검토할 수 있었다.

2. 초고본의 실상과 수록 작품의 확정 과정

초고본『온계시초』에 실린 작품은 총 210수였다. 실상을 보면 개중에는 펜으로 금을 그어 지운 작품 3수, 짓다가 미완성으로 남은 작품 15수가 포함되어 있어서 그 수록 여부를

스님과 상의한 결과 해당 작품을 모두 번역의 대상에서 제외
하기로 하였으므로 남은 작품은 192수가 되었다.

이 작품들은 제목이 있는 것과 없는 것이 섞여 있고, 각종
시체가 혼효되어 있으며 수록 순서에 일정한 기준이 없이
두루마리에서 옮겨 적은 그대로인 상태로 기록되어 있었다.
이것들을 시체별로 나누니 절구 61수(오언절구 4수, 칠언절
구 57수), 율시 130수(오언율시 18수, 칠언율시 112수), 고시
古詩 1수였다. 절구보다 율시가 월등히 많고, 오언시(22수)보
다 칠언시(169수)가 훨씬 우세하였다. 또 제목이 없는 작품이
140수로 제목이 있는 작품 33제 52수보다 3배 가까이 많았다.
고시 1수는 장단구長短句 형식을 취한 것으로 강성재 서당의
훈장 정산靜山 한선생(韓先生, 본명 미상)의 덕업을 칭송한 것
이었다. 크고 높은 스승의 은혜와 공덕을 다 표현하기에는 근
체시보다 고시가 더 적합한 형식으로 여긴 까닭이었다.

사실 이 시기에 지은 작품 수는 현재 남아 있는 것보다
3배쯤 많았다고 한다. 다른 학생들이 한 수를 지을 때 작자는
보통 네다섯 수를 지었으므로 작품 수가 매우 많았으나 그것
들을 다 취합하지는 못하였다고 한다. 번역 과정에서 발견된
오탈자는 바로잡고, 작품 내의 중복된 글자 및 잘못된 운자
는 스님과 상의하여 다른 글자로 고치는 등 몇몇 군데에 수
정과 가필이 있었음을 첨언해 둔다.

3. 시집의 제목과 그 내력

　『온계시초』에서 온계라는 말에 대한 설명이 필요할 것 같다. 흔히 '온계 시집' 또는 '온계 한시'라고 하면 '온계'가 그 시인의 출생지나 거주지의 지명에서 따온 아호인 경우가 대다수지만 여기에서는 실재하는 지명이 아니라 말 그대로 '따뜻한 시내'를 뜻하는 단어로서 시집의 작자인 소년시인의 따뜻한 마음이 담긴 자호自號이다.

　성파 스님은 소년 시절 합천의 가야산에서 흘러 내려오는 냇물을 바라보면서 이곳에 따뜻한 물이 흐르면 서식하는 물고기와 다른 수생동물이 보다 더 안온한 환경에서 살 수 있을 것이라는 생각을 가졌다고 한다. 따라서 온계는 소년 시인이 스스로 설정한 삶의 지향이자 소박한 희망을 나타낸 단어였던 셈이다. 곧 차가운 물 속에서 어렵사리 살아가는 물고기가 따사로운 개울에서 오순도순 즐겁게 살아가기를 바라는 작자의 따뜻한 심성이 투영된 아호였던 것이다.

4. 작품 이해 관련 참고 사항

　a. 이 시집의 수록 순서는 제작 시기나 시체와 상관없이 기록된 초고본의 작품을 편의상 시체별로 분류하고, 같은 시

체 중에서는 제목이 있는 것을 앞에 놓고 제목이 없는 것을 뒤쪽에 배치하여 놓았다.

어릴 때부터 재동才童으로 불렸던 작자는 서당에 다니는 소년 시인으로서 그 당시에 합천의 원로 유학자들이 참가하는 봄가을의 시회詩會에 직접 참가하여 60, 70대 노인들의 사랑을 듬뿍 받았다. 그러나 시회에서 지은 작품들은 하나의 두루마리로 만들어서 시회를 주관한 사람이 챙겨 가서 공개하지 않았으므로 참가자가 자기가 지은 한시를 따로 적어 두지 않은 경우에는 그 작품을 다시 볼 기회를 갖기 어려웠다. 소년 시인도 그때 자기의 작품을 기록해 두지 않았으므로 이 초고본에는 시회에서 지은 한시를 전혀 수록하지 못하였다.

그때 시회에 참가하여 함께 한시를 지은 분들로는 당시 합천의 명필로 알려진 성석誠石 이자중 씨와 야로면장을 지낸 이수기 씨, 김군 씨 등이 있었다. 그중 이자중 씨는 합천의 유명한 부잣집 도령 출신으로 서예에도 빼어난 솜씨를 자랑하였다. 그는 어릴 때 독선생 아래서 공부하였는데 글씨를 연습하며 그때로서는 매우 귀한 한지 한 장에 글씨 한 자를 써서 점검받을 정도로, 보통 사람은 생각지 못할 많은 비용을 들여서 제대로 된 특별 교육을 받았다. 성파스님은 서예를 특정한 스승에게 따로 배우지 않고 서예 책을 보며 독학한 것으로 알려져 있지만, 이때 이자중 씨로부터 체본을 받아 구양순歐陽詢의 구성궁체九成宮體를 익힘으로써 현재의 서체를 확립하는 데 도움이 되었다고 한다. 스님은 중국에 거주하는 동안에 그곳의 서화인으로부터 '자성일체自成一體'의 평가를 받은 바 있었다.

강성재 훈장 한정산 선생의 덕업을 기린 고시 「정산 선생의 덕업을 간략히 기술하다[略述靜山德業]」도 서당에 다니던 때에 지은 것이다. 작가가 1960년에 출가하여 불문佛門에 몸담은 지 십 년 가까이 지난 무렵 정산 한 선생의 별세 소식을 들었으나 이미 불문에 의탁하고 있던 시기였으므로 별다른 애사哀詞나 만사挽詞를 짓지는 않았다.

b. 작품 제목에 합천의 고향 마을이나 서당 이외의 특이한 장소가 등장하는 경우가 있다. (서울의) 삼각산 백운대, 군산, 계룡산 등의 지명이 제목에 나타나는 까닭은 작자가 합천의 서당 강성재에 다니며 다른 지역 사람들은 어떻게 공부하는지 그 실상을 알고 싶은 호기심과 세상 물정을 탐색하고 싶은 탐구심, 그리고 남아로서 호연지기를 기르고 싶은 도전정신으로 어느 해 봄에 약 한 달간의 일정으로 혼자 다른 지역으로 유람을 떠난 적이 있었다. 당시의 서당은 일반 학교와 달리 여름과 겨울에 방학이 따로 없었으므로 일 년 중에 명절인 설이나 추석에 며칠 쉬는 것 외에는 서당 문을 닫지 않고 수업을 계속하였다. 작자는 시간을 내어 특별한 준비 없이 무전여행을 떠났는데, 가는 도중에 당시 합천군

초계면에 거주하던 대학자 추연秋淵 권용현(權龍鉉, 1899-1988) 선생을 찾아가 뵙기도 하였다.

이 여행 중에 지은 한시의 제작 장소와 창작 계기는 제목에 반영되어 있어서 쉽게 다른 작품들과 구분이 된다. 다만 태백산에 은거하고 싶다는 내용을 다룬 한시는 실제로 태백산에 들어가서 거주한 것이 아니라 들어가고 싶다는 가상의 현실을 염두에 두고 지은 것이라고 한다.

c. 한문 공부와 한시 창작은 작자가 합천의 서당 강성재에서 수학하는 3년 동안 한정산 훈장에게 배운 것이 거의 전부였다. 그때 서당에서 공부한 과목은『명심보감明心寶鑑』,『소학小學』,『대학 大學』,『논어論語』,『맹자孟子』,『중용中庸』,『시전詩傳』,『서전書傳』이었다. 다시 정리하면 기초과목으로『명심보감』과『소학』을 익힌 뒤에 이어서 사서四書를 공부하였으며, 마지막으로 삼경三經 중에서『시경』과『서경』은 공부하였으나『주역周易』을 배우지는 않았다. 이 시집에 7회 등장하는 청창晴窓이나 심창深窓에서 펼쳐진 '주역 읽기[讀易]'나 '주역을 읽는 참된 공부[眞工]', '주역을 읽는 새로운 정감[讀易新情]' 등 주역과 관련한 언급은 독학 과정을 반영한 표현이었다. 그 밖에『고문진보古文眞寶』,『당음唐音』등 정규과목에 포함되지 않은 책들은 주로 한여름에 날이 너무 더워 다른 것을 학습하기 어려운 환경에서 머리를 식히고 느긋하게 쉴 겸

혼자 공부한 것이었다.

여기에서 작자가 서당교육의 첫 과목으로『명심보감』을 배울 때의 일화 한 토막을 소개하기로 하겠다. 서당에 들어가서 막 공부를 시작할 때「천명편天命篇」의 다음 대목을 만났다고 한다.

"소강절 선생이 이르기를 '하늘의 들으심이 고요하여 소리가 없으니 푸르고 푸른데 어느 곳에서 찾을 것인가? 높지도 않고 또한 멀지도 않으며, 모두가 다만 사람의 마음에 있는 것이다' 라고 하셨다[康節邵先生曰 天聽寂無音 蒼蒼何處尋 非高亦非遠 都只在人心]."

이것을 읽고 작자는 마치 불교에 입문한 장성한 사람이 화두話頭를 가지고 깨달음을 구하듯이 학습 진도를 나가지 않고 사나흘 동안 '마음' 이 무엇인지 알고 싶어서 생각을 거듭하다가 마침내 한 가지 결론에 이르렀다고 한다. "아심여명경我心如明鏡하여 조진불염진照塵不染塵이다." 라는 구절이 나왔으니201) 곧 "나의 마음은 밝은 거울과 같아서 티끌이 비치기

---

201) 이 부분에 대해 필자가 스님에게 "이런 깨달음을 얻지 않았습니까?"라고 문의하니, 스님은 "그냥 그런 구절이 나오게 되었다."라고 하시며 한사코 깨달음이라는 용어를 사용하는 것에 대해 수긍하지 않으려고 하셨다. 여기에서는 스님의 뜻을 존중하여 그대로 '구절이 나오게 되었다' 라는 표현을 사용했다.

는 하지만 티끌에 물들지는 않는다."라는 사실을 터득하였다고 한다. 그때는 아직 한시를 지을 줄도 모르는 상태에서 진술한 마음을 담아 지은 어구였다고 한다.

작시법, 곧 한시 작법은 서당에서 정규과목으로 공부한 것이 아니지만 선후배 간에 서로 가르치고 배우는 전승 과정이 있었으며, 훈장은 정기적으로 한시 창작 과제를 부과하여 학생들이 그 작법을 익히도록 배려하였다. 학생이 한시를 지어서 훈장에게 제출하면 훈장은 그것을 검토하여 잘못된 점이 있으면 그것을 지적하여 수정하도록 하고 작품이 무난하여 괜찮은 경우에는 그냥 말없이 지나갔다고 하는데, 작자는 그때 대체로 말없이 통과한 사람들의 그룹에 속하였다고 한다.

성파스님의 기억에 한정산 선생은 학생의 문장력이나 작시 능력의 향상에 교육의 중점을 두지 않고 해당 고전 문장과 한시 작품의 해석에 따른 마음공부 곧 전인교육을 중시한 분으로 남아 있다고 한다. "글이 스스로 글에 머물고 내가 스스로 나에 머물면[書自書 我自我] 안 되고, 글과 내가 하나가 되어야 하며[書我一體] 문사文辭가 문사에 그치고 말아서도[文辭而已者] 안 된다."라는 점을 강조하였다. 그래서 스님은 "사람은 자기 곡식이 크는 것을 모르듯이 그 자식의 잘못된 점을 모르므로 다른 사람과 자식을 서로 바꾸어서 가르쳤다[人而不知己苗之碩 不知己子之惡 故易子而敎之]."라고 하시며 맹자孟子가 말한 "역자이교지(易子而敎之, 다른 사람의 자식은 내가 가르치

247

고 내 자식은 다른 사람에게 부탁하여 가르침)"라는 개념을 끌어내어 전인교육을 중시한 옛사람의 지혜가 소중하다고 하였다.

d. 작품 이해에 필요한 몇몇 사항들

※ **가남伽南** 가야산伽倻山의 남쪽 지방으로, 이 말은 고유명 사가 아니지만 사실상 작자의 고향인 합천군 야로면 창동 倉洞 마을을 뜻한다.

※ **100무百畝** 농사를 짓기에 조금 넉넉하여 부족함이 없는 정도의 농지를 뜻한다. 성파스님은 농사를 짓는 것과 학문의 길을 같은 이치로 파악하여, 농사나 학문의 길에는 다 같이 기본이 되는 적당한 양의 기반이 필요하다는 점을 강조한 표 현이다.

※ **수성水誠 · 진성眞誠 · 진성眞性** 물의 진실성 또는 물의 본래 성품, 참된 정성 등의 의미를 지니는 말로 『논어論語』 「자한子 罕」편의 "가는 것은 이와 같아서 밤낮으로 그치지 않는구나[逝 者如斯夫 不舍晝夜]."라는 의미와 『맹자』 「이루離婁」(하下)의 "근 원인 샘이 솟아올라 밤낮으로 그치지 않고 구덩이를 채운 뒤 에야 나아가서 사해에 이르는데, 근본이 있는 자도 이와 같다 [源泉混混 不舍晝夜 盈科而後進 放乎四海 有本者如是]."라는 뜻을 지닌 수 성水性이 아니라, 오히려 자연 속에서 체감하는 물의 참된 품

성을 가리킨다. 성파 스님은 필자와의 대화에서 "온갖 산들의 통하는 맥이 샘으로부터 온다[萬山通脉自泉來]."라는 신념을 한시를 짓던 소년 시절뿐 아니라 지금까지도 변함없이 견지하고 있다고 하였다.

※ **송곡산松谷山·요지瑤池·지곡芝谷** 작품 속의 표현만으로는 이것들이 고유명사인지 일반명사인지 불분명하지만, 이 단어들은 모두 합천 지역에 존재하거나 고전 속에 나오는 고유명사가 아니라 한자 본래의 의미를 그대로 지닌 일반명사이다.

※ **시초蓍草** 지초나 난초처럼 우리 고전에 흔히 등장하는 신령한 풀의 일종이다. 한국어사전에는 '톱풀'이라고 풀이하고 있으나 이 시집의 번역에서는 그냥 '시초'라는 용어를 사용하였다.

5. 표현의 묘미와 시적 형상화의 편린들

a. 표현의 묘미가 돋보이는 구절들
飛峭干天雲宿檜
鬱林倒水月生蘿
나는 듯한 벼랑이 하늘을 찌르니 구름은 노송나무에서 자고
울창한 숲이 물에 거꾸러지니 달은 덩굴에서 솟아나네.

龍將妙化海中在

水擁眞誠石隙來

용은 오묘한 변화를 부리며 바다 속에 있고

물은 참된 정성을 품고 돌 틈으로 흘러오네.

無聲無體是靈天

赤白靑黃畵檻前

소리가 없고 형체가 없음이 곧 천지의 신령함이니

붉고 희고 푸르고 노란색으로 난간 앞에 그림을 그리네.

七月光風蕭颯天

砭人肌骨卽其然

초가을의 햇볕과 바람에 날씨가 상쾌하여

곧 사람의 살갗과 뼈에 침을 놓는 것 같네.

浮華勿逐眞君子

立志要如雪裡梅

겉만 화려함을 좇지 않는 게 참된 군자이니

뜻을 세움은 눈 속의 매화와 같아야 하네.

佚宕今無學

居然後有悲

天下均平道

只在不失時

방탕하여 지금 배우지 않으면

어느덧 훗날 슬퍼함이 있으리.

천하의 고르고 공평한 도리는

다만 때를 놓치지 않음에 있네.

b. 눈에 띄는 시편들

除糞松谷山

生尿石槪間

何不修本性

心閑事自閑

골짜기와 산의 솔숲에서 더러움을 없애고

돌 홈통 틈새에 오줌을 갈긴다.

어찌 본성을 수양하지 않으랴마는

마음이 한가하니 일은 절로 한가롭네.

一寒十曝以調陽

枯葉萌而更養長

回首乾坤尋妙理

認玆春政物態蒼

하루 춥고 열흘 햇살이 비치어 양기를 조절하니

마른 잎은 싹이 돋더니 또 자라서 길어지네.

머리를 돌려 천지의 오묘한 이치를 찾는데

이 봄신[春神]의 정사로 사물의 모습이 푸름을 아네.

閑尋聖籍辨陰陽

脉脉胷中智日長

雨聲昨夜生氣動

萬山景色一新蒼

한가로이 성인의 저술을 찾아 음양을 분별하니

가슴속에서 끊임없는 지혜가 나날이 자라네.

어젯밤 빗소리에 생기가 움직이더니

수많은 산들은 경색이 한꺼번에 새로 푸르러지네.

誰知此處古人風

讀易深窓一燭紅

諸君莫道今時富

不若隨貧外私空

누가 이곳에 옛사람의 기풍이 있음을 아는가?

『주역』을 읽는 깊숙한 창에 촛불 하나가 붉네.

그대들은 지금의 부유함을 말하지 마라.

가난을 따르되 외적 사욕을 없애는 것만 못하네.

스스로 부르짖다[自號]

虎嘯篁林谷　　群獸隱跡忙
龍潛蒼海濶　　鳥尺白雲茫
日曝中園野　　風來南浦汪
大器完成後　　好還父母鄕

호랑이가 대숲 골짜기에서 울부짖으면
뭇 짐승들은 자취를 숨기기에 바쁘네.
용이 잠기니 푸른 바다가 넓고
새가 날갯짓을 하니 흰 구름이 아득하네.
햇볕이 비치는 가운데 동산이 편편하고
바람이 불어오는 남쪽 갯가가 넓네.
큰 그릇을 완성한 뒤에는
부모님 계신 고향으로 기쁘게 돌아가리.

즉석의 감흥[卽感]

屋結南山石澗淸　　始知眞道在心晴
氣乘陰陽千里遠　　精通日月六虛明
惡隨世俗看書句　　爲潔智情聽水聲
寧死何求分外物　　百私俱絶順天生

남쪽 산에 집을 엮으니 돌 많은 골짜기의 냇물이 맑은데
비로소 참된 도리가 맑은 마음에 있음을 아네.
기운은 음양을 타서 천 리까지 멀어지고

정신은 일월과 소통하여 육허에 환하네.
세속을 따르는 것을 싫어하여 책의 구절을 보고
가슴속의 품은 뜻을 깨끗이 하려고 물소리를 듣네.
차라리 죽을지언정 어찌 분수 외의 물건을 구하겠는가?
온갖 사욕을 모두 끊고 하늘에 순응하여 살아가리.

欲識眞誠踏水過　　反身其理覺心多
風靜深窓憐舊色　　月明淸澤漲新波
蒼松簇簇靑山立　　潔澗幽幽白石磨
腥塵無處任情地　　矢絶百思習禮何

참된 정성을 알고 싶어서 물을 밟고 지나가는데
자신을 돌아보면 그 이치에서 깨닫는 마음이 많아지네.
바람이 고요한 깊은 창은 옛 색깔이 사랑스럽고
달 밝은 맑은 못에는 새 물결이 불어나네.
파란 솔은 빽빽이 푸른 산에 서 있고
깨끗한 계곡물은 그윽하게 흰 돌을 갈아대네.
비린 먼지 속에 뜻을 마음대로 할 곳이 없으니
온갖 생각을 끊기로 맹세하고 예법을 익힘이 어떠한가?

위에 제시한 구절과 시편은 이 시집의 작품 중 지극히 일부분에 지나지 않는다. 한시의 일부 또는 전편을 보여준 예들이 표현이나 의경意境이 여타 작품들에 비해 특출한 것이 아니라는 점을 밝히고자 한다. 눈에 띄는 대로 몇몇 작품의 부분이나 전체를 보여주어서 이 시집에 실린 한시의 수준을 가늠하도록 한 것이다. 가령 잔칫날 손님을 대접하기 위하여 큰 가마솥에 가득 맛있는 국을 끓였다고 할 때 그 맛을 판가름하기 위해 그 국물을 다 마셔 볼 필요는 없을 것이다. 그저 한 숟가락의 국물을 떠먹거나 건더기 한두 점을 씹어 봄으로써 그 국 전체의 맛을 판단할 수 있다.

이 예시들은 이 시집에 수록된 작품 전체를 범주화하여 그 시세계를 논의하는 번거로운 과정을 거치기보다 상정일련(嘗鼎一臠, 솥 안의 고기 한 점을 맛보는 것으로, 이렇게 하면 온 솥 안의 음식 맛을 알 수 있다는 뜻)의 본보기를 보여주려고 한 것이다. 이 시집의 한 부분을 제시하여 전체의 수준을 가늠할 수 있는 길을 보여주는 것으로 역주자의 책무를 마치고자 한다.

2023년 5월 그믐

성범중 씀

시구詩句 찾아보기

▶ 첫 글자는 두음법칙을 따랐고 나머지는 본음대로 배열했다.